新 みんなが輝く体育3

小学校高学年 体育の授業

学校体育研究同志会 編

創文企画

はじめに

【教育の自立】

このみんなが輝くシリーズは旧版が2005年から発刊され、全国の教師から「子どもたちがわかり・できるようになった」と好評をいただいた体育実践書です。今回、新しい体育実践研究を踏まえて新シリーズを刊行することとなりました。「みんなが輝く体育」というタイトルに示されるように、それぞれの地域や学校で、すべての子どもたちが輝く体育の実践が生み出されることを願って刊行するものです。

さて、2020年学習指導要領では、「主体的・対話的で深い学び」を目指すことと、育成するべき資質・能力として「①知識・技能、②思考力・判断力・表現力等、③学びに向かう力・人間性等」が示されました。

一方、学校現場では各教科の1時間ごとの進め方や板書の仕方だけでなく、授業中の発言の手順や机上の学習用具の配置、さらには休み時間のすごし方まで事細かく決めていく「学校スタンダード」という主体的・対話的で深い学びとは相反する標準化規制が広がっています。

また、教師の多忙化に代表される学校教育のブラック化という現実があります。教師の多忙化・過労死の問題が社会問題化する中で行われた2006年の「教員勤務実態調査」。その時にすでに「平均的な教員」は過労死ラインに突入していました。それが2016年の「実態調査」では、すべての職種で教職員の勤務時間はさらに増加していたのです。過労死ラインを超えたタダ残業が指摘される学校教育のブラック化によって、教員採用試験の倍率は減少傾向が続いています。そうした中で、産休や病休の代替講師や時間講師が足りない学校が続出しているのです。

本来ならば「主体的・対話的で深い学び」は、子どもの学びや育ちの要求・必要をもとに学校の主体性と協同性によって実現されるものです。しかし、今日の学校教育の現状は、ブラック化を放置したまま道徳の教科化や英語授業の実施などが押し寄せているため、授業の質低下を招く「こなしの授業」が蔓延せざるを得ないところまで追い詰められています。

このような問題を解決するためには、学級規模の引き下げや教員定数を引き上げるなどの教育条件の見直しと合わせて、学校・教師集団の協働の営みとしての年間指導計画や評価基準などを作成していく教育課程編成の自立性を生み出す他ありません。子どもたちが生き生きと輝き、個性を光らせる授業は、日々子どもたちに向き合っている教師たちが主体的に創り上げていく必要があるのです。

本シリーズは、そのための「手がかり」となる単元・授業プランを、これまでの授業実践の蓄積をもとに提案しようとするものです。

【5つの柱】

私たちは、本シリーズを刊行するに当たり、以下の5つの柱をたいせつにしました。

[運動文化の主人公]

第一に、スポーツ、体操、舞踊や運動遊び

などを人間らしい生活と発達に欠かせない独自の運動文化ととらえる立場から、体育実践を構想しています。体育は運動文化を次の世代に引き継ぎ発展させる教育実践であり、子どもたちは「運動文化の主人公（リレーランナー）」であると私たちは考えています。

[子ども・青年の発達課題]

第二に、子どもたちの発達を豊かに、そして現実に立脚して高めようとしました。今の子どもたちの発達をできるだけリアルにとらえ、現実と発達可能性とを橋渡しする発達課題を探り、発達保障に向かう教育の原則的な視点をたいせつにしました。

[学んでほしい内容の重点化]

第三に、子どもたちの発達と学習課題にそくして、教科内容の重点化を図ろうと試みました。子どもたちの生活や発達の課題と運動文化の内容とが切り結ぶルートを探るなかで、重点となる学力や教科内容を絞り込んだのです。

[授業の事実を基に]

第四に、これまでの学校体育研究同志会の実践研究60年の蓄積をもとに、授業プランという具体的な形で、そのエッセンスを実践的に提案しようとしています。

そして同時に、重点化した教科内容にとってもっともふさわしいと考える教材の解釈・選択・構成には、地域・学校に固有の要件や担当者の研究・実践力量、指導経験などの主体性が関わります。プランは具体的な詳細部分になればなるほど、「例示」という性格が強くなることに留意していただきたいと思います。

[ともに学ぶ]

第五に、異なる経験や能力や個性をもつ多様な子どもたちが協同して文化や科学の成果を分かち合うことによって、「みんなが輝く」学習が実現すると考えています。それを私たちは異質協同の「グループ学習」として実践的に追求してきました。

【教師のための教育課程】

本書は、2002年と2004年に刊行された「私たちの教育課程試案（理論編、実践編）」に続く「授業プラン編」です。先の２冊の教育課程試案では、私たちが考える教育課程の理論と実践を具体化しました。そして、この教育課程試案に基づいて本書の「授業プラン案」がつくられています。教育課程試案と本書の授業プランをつなぐ役割を果たしているのが第１章「小学校高学年体育の目標・内容」です。第２章以下の具体的な「授業プラン」と併せて読んでいただけると高学年体育における具体像がより明らかになると思います。

さて、実際の授業をより豊かにしていくための「手がかり」となるように、本書はこれまでの実践研究による子どもたちの事実をもとに、何のために（目的、目標）、何を（内容）、どのように（方法）教えるべきかを明確にし、授業プラン化しました。これは、教師が自分で「体育の授業は何のために行うか」について考えるべきだと思うからです。目の前にいる子どもたちに対して、私たちは「何のために」「何を」教えるべきか、直接の責任を負っています。その責任をきちんと果たそうと思えば、「体育授業は何のために行うか」を、私たちは自分で考えるべきなのです。

つまり、目の前の子どもたちのために体育の授業や年間指導計画をつくりあげていく上で大切なことは、目的、目標―内容―方法を主体的に考え、相互に関連し合う実践の全体を省察しながら追求していくことなのです。この「こだわり（主体性）」を追求していくことはしんどいことかもしれません。しかし、この「こだわり」を放棄したとき、私たちは教師としての主体性、自立性を失うこととなるのです。

本来、授業やそれぞれの授業の全体像を示す教育課程とは各学校でつくられるべきもので、そのためにはいくつもの「教育課程試案」や「授業プラン」が必要です。そのいくつもの試案を参考にしながら、各学校が自分たちにあった教育課程を創りあげていくことによって「学校の自立」が実現し、「豊かな授業」が創られていくのです。

私たち学校体育研究同志会が「教育課程試案づくり」に取り組み、本シリーズを刊行しようとしたのは、各学校が主体的に教育課程を創るべきだと考えているからなのです。

さらに、このシリーズは、幼年から中学校に至る発達段階・学校階梯と障害児体育の分野を含んで編纂されています。「みんな」には当然障害とともに歩む子どもたちも含まれているのです。

【高学年体育の課題】

高学年体育においては、高学年を「体育やスポーツ、そして健康教育の主体的な深い学びが形成され始める時期」と捉え、14本の授業プランが提示されています。その中で、何よりも子どもたちが「わかってきた」「できてきた」という喜びに満ちて輝く笑顔を大切にし、それも教師の生きがいにしたいと思っています。

昨今の子どもたちをめぐる「生きづらさ・育ちづらさ」は、学校や地域において多様な形で顕れ、否定的、後退的に見えることがあります。しかし、これは、子どもたちがおとなへと移行していく「橋わたし」の時期であり、それは「自分づくり」への途中なのです。この子どもたちを「発達していく可能態」として肯定的にどう見ていくのかがわたしたちに問われているのです。子どもたちの発達の要求をどう読み取り、そのエネルギーを生かして子どもたちとどう共に授業を創造していくのかが求められています。

そして、この本「新みんなが輝く体育」シリーズの刊行が、教師・学校の主体性と自立の実現に役立ち、子どもたちの笑顔の輝きに寄与できることを願ってやみません。

2021年3月
森　敏生　岨　和正

新みんなが輝く体育3
小学校高学年　体育の授業

目 次

第1章

小学校高学年体育の目標・内容

Ⅰ．高学年の子どもの生活・発達

1.　子どもたちを取り巻く状況の変化

旧「輝くシリーズ高学年」の発刊（2007年8月）から、十数年が経過する。そして、平成の時代（1989年1月～2019年4月）が終わり、令和の時代に入った。この平成の時代に子どもたちを取り巻く社会の状況はめまぐるしく変化し、教育のあり様にも影響を及ぼしている。

全国至るところに、終日営業のコンビニができたり、インターネットが普及したりして、買い物の仕方が変化している。スマホ、iPhone、PC、LINE等の爆発的な普及により、人とのつながり方にも変化を及ぼしている。また、個人情報の保護、肖像権などにより、プライバシーの保護に配慮しなければならなくなってきている。

共稼ぎ家庭が増え、子どもたちの塾や習いごとで、家族と一緒に食事を取る回数が減り、家庭の生活や家族のコミュニケーションの仕方に変化が生まれている。

このような急激な社会の変化の中で子どもたちの生活の送り方にも変化が生まれている。虐待されてきた体験のある子ども、「子ども食堂」に行き来せざるをえない子ども、地域によっては、相当の割合の学級で生活保護を受けている家庭の子どもがいる。その一方で、進学をめざして、ほぼ毎日塾の宿題で深夜まで勉強をしている子どももいる。

このように、今日、学校が抱える困難さの要因は、一人ひとりの子どもの発達の実態が多様化していることである。そして、市場原理による競争社会の勢いに煽られ「自己責任」の名のもとに追い立てられている。しかし、こんな状況であっても、生活課題や発達課題を抱え、問題行動を起こす子どもを「困った子」としてのみ見るのではなく、その子が悩み、外界に関わって「自分づくり」をしようと必死にもがいている「困っている子」として見たい。そして、その学校の子どもたちとの信頼ある関係性を作っていくことが求められている。

2.　教育現場から

昨今、テレビや新聞等で、子どもたちの犯罪の低年齢化や凶悪化、勉強ぎらいや学校ぎらいの不登校、引きこもり、覚醒剤の薬物依存等が毎日報道されている。また、子どもの自殺者が減らない事態（2017年、小・中・高320人）など少年問題、教育問題が大きな社会問題となっている。そうした中で、学校現場では、先生たちから「忙しい。」と悲鳴に近い声があがっている実態が朝日新聞のアンケートに寄せられている。(2018.6.10)、「脱ゆとり教育」や「いじめ問題」への対応など先生の仕事が増え続け、子どもたちの学びへの悪影響が懸念されている。

2017年4月に文部科学省が10年ぶりに発表した教員勤務実態調査では、小学校で3割、中学校で6割が過労死ラインを超える実態があると報告されている。「もっと子どもたちと関わりたい。」「もっと時間をかけて授業の準備をしたい。」…そう思っていても、会議や書類づくり、子どもたちの引き起こす諸問題の対応に追われている。また、学校現場の様々な困難な状況を解決していくために、新自由主義の人材管理の考え方である「ゼロトレランス」方式が持ち込まれている職場もある。これは、「非寛容」を旨として、学校の規則・規範に反する行動を排除していくやり方である。それは、対象となった子どもがなぜそういう行動を取ったか、その背景にはどのような家庭環境や地域の実態があるかなどの配慮を排していく指導（管理）法である。授業においては、子どもたちと教師との自然なやり取りを失わせている形式的なルールが「スタンダード」に採用されている。荒れた学級を立て直すとか、学級を壊さないためになどの理由で、学校に持ち込まれている「スタンダード」はかえって教師を縛っている。「スタンダード」通りにしないから学級が崩れるのだと、参観授業の際に「スタンダードの達成状況」がチェックされている学校もあり、この「スタンダード」が結果として、よい教師と悪い教師の線引きになっている現状がある。

Ⅱ. 子どもたちの生活課題・発達課題

1.　高学年期の生活課題

さて、この状況の変化を受けて子どもたちに具体的に顕れている状況はどうだろうか。旧シリーズ初版の2007年以降10年あまりが経過する。わたしたちがこの間、学校や地域での学習会や研究例会で高学年の子どもたちの状況を出し合ったことをあげてみると、以下の通りである。

- 低・中学年でつけておきたい基礎的な運動感覚や運動技術が十分についていない。特に器械運動（鉄棒、跳び箱、マット運動）は顕著である。また、運動の「できる」・「できない」の格差がますます大きくなって二極化傾向が顕れている。
- 自己中心的な考えからなかなか脱しきれない子どもたちが増えている。友だちとコミュニケーションがうまくとれず、授業中にすぐにけんかになったり、もめ事がおきたりすることがある。また、お互いを気遣って自分の思いがなかなか出せずにストレスをためていたり、自分が関わり合えている集団から排除されないように常に気遣いをしていたりしている。そのために相互の教え合いがなかなかできにくい。
- 放課後、一人ひとりが忙しく一緒に遊んでコミュニケーションがなかなかとれないので、LINEで結びついている子どもが増えている。学校や教室ではほとんど口をきかず、まったく疎遠に見えるもの同士がコミュニケーション・アプリであるLINEのグループ内では、密接なやり取りを繰り広げているといった光景もある。
- 同じクラスの仲間だからといって自分と気の合わない相手と無理して付き合う必要などなく、気の合う相手とだけ付き合えばいいという感覚が広がっている。
- 私立中学受験のために睡眠時間を削った学習を強いられたり、受験前になると学校を欠席することがある。
- 親の期待に応える「いい子」でなければ、自分の存在を承認されないでいるために、自分の中の生きづらさやストレスが発散できず、学校だけが表出できる場となっている場合がしばしば見られる。そのため、塾でも「いい子」、家でも「いい子」、そして学校では、「荒れている子」も少なくないという。
- 地域のスポーツ少年団やスポーツクラブなどの指導者から暴言や体罰を受け、ストレスをためて学校で荒れている子もいる。

このように、多様な形で現出し、人間関係の多元化・複層化が年々進んでおり、否定的・後退的にみえることがよくある。しかし、子どもたちは「『地域・家庭・学校生活で自分の思いや願いがうまく実現できない。』『みんなの中で心を通わせながら生きたいし、生かされたいがうまくいかない。』」ともがいていると思われる。

小学校高学年期は思春期の入り口である。思春期とは、一般的に 12 歳から 16 歳ぐらいまでの少年・少女をさしている。この時期はまさに子どもから大人への過渡期であり、いろいろな悩みを持ちつつ成長していく時期でもある。「もはや子どもではないし大人でもない。まだ子どもでもあるし大人でもある。」という矛盾的存在である。

この時期は、自分の問題や苦しみや悩みを、ことばで把握するのはむずかしく、ことばによって自分の内面を把握し外に伝えていく機能は、まだ育ちつつある段階にあると言われている。よってこの時期の子どもたちのもつむずかしさは、以下の３つに集約できると臨床心理学者の田中千恵子氏は述べている。（「心理臨床からみえてくる思春期の子どもたち」、『岩波講座　教育変革への展望３　変容する子どもの関係』岩波書店、2016、p.157 ～）

「第一のむずかしさは、第二次性徴に象徴される自分の中から自然にわき、勝手に突き上げてくる奇妙な感覚に翻弄され、これまで以上に自分で自分がわからなくなっていることである。…第二のむずかしさは、これまで以上に子どもが言っていることのどれが本音か、どこに本心があるのかが大人たちがわからなくなることである。…第三のむずかしさは、自分の内的な動きをことばで表出することが、うまくできないことである。…」

彼らがよく口にする「うざい」とか「めんどうくさい」ということばは、悶々としている自分自身の心中を言い表すのに精一杯の表現と受け取れ、子どもが大人へと移行していく「橋わたし」の時期である。つまり、「自分づくり」の途中であり、そのプロセスの時期であると思われる。この子どもたちを実践を通じて「発達していく可能態」として肯定的にどう見ていくのかがわたしたちに問われており、学校内外で起きる問題行動をいかに抑えこむかではなく、問題行動の背後にある発達の要求をどう読み取り、そのエネルギーを生かし、子どもたちと一緒にどう創造していくかの視点が求められている。

その視点から、各地域の学校の体育や体育行事、健康教育等の実践を持ち寄り検討し、得られた子どもたちの発達の変化を共有し、高学年の発達の特徴（発達課題）を探ってみる。

2.　高学年期の発達課題

子どもの実態や変化から、明らかになりつつあるこの時期の子どもたちの発達の特徴は以下の通りである。

- 体育の授業では、結果としての「できた」だけでなく、なぜ「できた」のか、その運動の仕組みやできるポイントがわかってできるようになると、さらに意欲を出して学習を続けようとする。
- 「先生や親との約束」というよりも、「子ども同士の約束」を優先していこうとする傾向が見られる。集団活動においても、親や先生がおしつける考えよりも自分たちのグループに属する仲間への意見を大切にしていこうとする「自立」への萌芽が見られる。
- 異性を意識し始め、友だちとのつながりをより深く求めていくようになる。そして、自尊感情を高めていこうとする取り組みをすれば、「自分との対話をし、自分を見つめ、心の中にもう1人の自分を形成していこうとする芽」が見られ始める。

・委員会活動、学校行事、授業のまとめの発表会等で、その意義を見いだすとリーダーシップをとり、活動が自己運動化していく傾向がみられる。

・この時期は中学年期（3・4年）よりもさらに、「なぜ」という問いをもち、自分たちでその解決の糸口を探っていこうとする主体的な学びが形成される時期である。中学年期での「熱中体験」を通じて「9歳の壁」を乗り越えると、少しずつ具体的思考から抽象的思考が可能となってくる。いわゆる、ヴィゴツキーがいう「科学的概念」の習得や概念的・論理的思考が可能となってくる時期である。

・高学年、特に6年生では社会科で「日本の歴史」を学ぶ。その学習を通して、歴史的なものの見方や考え方を手に入れる。さらに、「世界の国々」に目を向け、地理的な視野を広げ、外国文化と比較して日本の文化についてもよりいっそう興味をもち、理解を深めるようになってくる。こうした認識の広がりは体育理論の学習や健康教育の学習にも生かしていくことが可能となる。

Ⅲ．高学年期の体育

1．「三ともモデル」の創造

2003年、学校体育研究同志会は、これまでの理論的・実践的研究を土台にして「教育課程試案」（『教師と子どもが創る体育・健康教育の教育課程試案』学校体育研究同志会教育課程自主編成プロジェクト編、創文企画2003年、参照）を発刊した。幼年から高校、障害児の体育・健康教育に共通する実践課題を提起したのが「三ともモデル」である。

これは、子どもたちを「運動文化の主人公」にしていくためには、運動文化をまるごと学び取らせる必要があるという問題意識から生まれた。（下図参照）

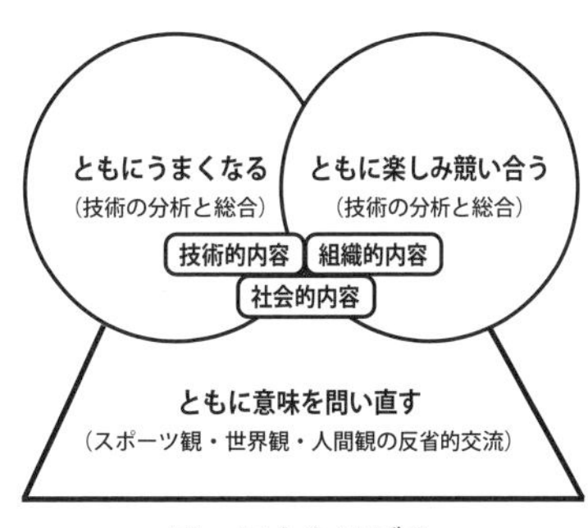

図　三ともモデル

「三ともモデル」の第一の領域は「ともにうまくなる」である。スポーツの戦術や技術を習得し、発展させていくという課題領域である。ここでは、主としてスポーツ活動や運動学習の中核である戦術や技術について「みんながわかってできる」ことをめざす。第二の領域は「ともに楽しみ競い合う」である。スポーツをともに楽しみ共有しようとする時に、その集団の人間関係の中で起きてくる問題を民主的な手続きでの討論をふまえた合意形成によって解決していく課題領域である。民主的で自治的な意思決定や、合意形成での組織づくりを進めていく力を習得することがめざされる。第三の領域の「ともに意味を問い直す」は学びの対象である運動文化・自己・他者の3つの関係の意味を子どもたちが問い直すことを課題とする領域である。この領域は、子どもたちがスポーツ活動や運動学習場面で様々な問題や矛盾にぶつかった時、それらを自分自身の問題として、問い直し、意味づけようとする活動である。さらに、発達段階があがっていくにつれて、歴史的・社会的レベルで問い直し、その文化的価値や社会的意義を解明していく広がりをもつ。子どもの価値形成と深くかかわる領域である。

上記にあげた３つの実践領域（実践課題）は、互いに絡み合いながら実践が進んでいく。同志会では、「ともにうまくなる」と「ともに楽しみ競い合う」学びが戦術・技術の分析と総合と異質共同のグループ学習として展開され、この学習の過程のなかで、起きてくる活動や事象の意味を「ともに意味を問い直す」体育実践づくりとして追求されていく。

この「三ともモデル」は、現在の同志会の到達点であり、スポーツの主人公としての子どもが運動文化の持つ技術性・組織性・社会性に関わる内容を学んでいく時に大切にしたい実践課題を「ともに」というキーワードで表現したものある。よって、これをそのまま鵜呑みにせずに、目の前の刻一刻と変化していく子どもたちの実態を出発点として、自分自身の実践課題に引き寄せて実践していくことが求められる。

2.　高学年体育の「ねらい」

上記の体育の実践領域（実践課題）を高学年の「ねらい」として考えたのが以下の通りである。

(1) ともにうまくなる

高学年になるまでに、すべての子が「へただった運動種目（スポーツ）ができた・うまくなった」という経験と実感を持っていることが大切である。つまり、その実感や体験は自分の力やともだちの能力に「見切り」をつけないという見方にも通じる。

次の作文は、わたしが「走り幅跳び」の実践のまとめとして、子どもたちとの走り幅跳び研究発表会の授業で「走り幅跳びの記録はなぜ、のびたのか」をテーマにして書いた時の子どもの作文です。

> ぼくはふり返ってみると記録がのびたわけが３つあります。１つは助走がリズムよくリラックスしてスピードにのってできるようになったこと。２つ目は、踏切前の５歩を「タタタタターン」のリズムで速くはしり抜けるようにして最後は強く踏み切れたこと。３つ目は着地です。足のうらが見えるように足を前へだしたことです。学習が始まる前は、何回も跳んでチャレンジする気持ちが一番大事だと思っていたけど、そうじゃないことがわかりました。」（ゆうと）と技術的なポイントをつかんでいく大切さを指摘しています。ゆうとさんと同じグループのまほさんは、「わたしの記録はゆうとさんと比べたらまだまだだけど、ゆうとくんが最後の５歩のスピードとリズムがゆっくりになりすぎて踏切りが弱いよ。」とアドバイスしてくれて、練習してみたら、グーンとのびました。うれしかったです。」と友達のアドバイスに感謝しています。

このように、運動技術を獲得するには、そのポイントがわかってできることが重要であり、運動（技術）には、だれでもうまくなっていく筋道と方法があることを実感としてみんながわかることが重要である。先述したように、その実感や体験は自分の力や友だちの能力に「見切り」をつけないことにも通じる。それがある程度達成していることを前提にして、中学年までに重視してきた「できる」中心の活動をさらに「わかる」中心の学習へと重点を置き換えていく。前述したように「記録ののびた意味」について、理解しておくことが大切である。

そして、この時期は中学年以上に、「なぜ」という「問い」から、納得のいく答えを求めていくプロセスを大切にしたい。第２章からの授業プランの多くが「なぜ」という問いを自分たちで、話し合いながら解決の糸口を見つけていくような主体的な学びの力をつけるために「課題解決学習」や「問題解決学習」のスタイルをとろうとしているのはそのためである。

(2) ともに楽しみ、競い合う

高学年の頃になると、様々なスポーツクラブに属する子どもたちが多くなってくる。チームを強くしていくために組織だったスポーツの世界（戦略や戦術を強いられる）を意識するようになってくる。また、テレビや雑誌でのスポーツに対する関心が高まってくる時期でもある。この時期にスポーツが持っている「競争」や「勝敗」という「競い合う」ことの意味を学ぶことは大切である。スポーツを「排他的（敵対的）競争」という一面だけから見るのではなく、対等、平等な関係のなか、同じ空間でベストを尽くして戦うからおもしろいし、お互いが高まりあえるという「協同的競争」としての見方が大切であることをしっかりとおさえたい。

さらに、みんなの合意を大切にしながら、みんなでルールを決めたり、創りだしたりすることができる力を培いたい。次の作文は、わたしが「子どもたちと創るハンドベースボールのルールづくり」（教材化）の実践のまとめをした時の地域の少年野球クラブのたけるさんの作文である。

> ぼくは、はじめは、ルールは決められているのできちんと守らなければならないものと思っていました。しかし、みんなが楽しめるように、みんなの声を聞いて、みんなで相談して決めて、ルールを創り変えると授業が楽しかったです。チームの全員が１回ずつ打ったら攻撃と守備が交代とか、バッターが打つまで三振なしとか、ローテーションで投手を交代するとかルールを変えていくと点の入れ方や守り方、勝ち負け、勝つための作戦も変わってくるということがわかりました。今まで、思っていた野球（ベースボール）の感じが変わってきておもしろかったです。

この授業を通じて、ルールはみんなでゲームを楽しむために創っていくことが大切であるし、みんなで相談して合意していって作り変えてもよいことを学んだ。さらに、この時期は「何のために学ぶのか」その意味をつかむと学習が自己運動化していき力を発揮していく時期でもある。その意味で、体育行事に主体的に取り組むためには、学習課題を明確にしてみんなの合意形成を図っていくことが大切である。そして、発表会・記録会・競技会の企画や運営を自分たちの力でできるようになってほしい。その力が中学校でのスポーツクラブや部活動の運営のあり方を考えていくことにもつながっていくと考えている。

(3) ともに意味を問い直す

私たちは、体育科教育の目的を「子どもた

ちを運動文化の主人公にする。そのために、運動文化を継承・発展させるリレーランナーに育てる」と考えている。自分たちでより多くの人がどこでもいつでも楽しめるようなものに運動文化を創り出していこうとする人になってほしいと願っている。

そのためには、体育の学習の場面で、(1)ともにうまくなる(2)ともに楽しみ、競い合うことを目指しながらも、そのプロセスでぶつかる問題をどのように考えたり、行動したりすることがいいのかともに考えていくことが大切である。そのプロセスの中で、学んだことの意味、つまり価値形成がされていくことを「ともに意味を問い直す」と呼んでいる。

先述したたけるさんは、自分のチームのリーダーとして、練習の方法やルールをみんなの声を聴きながら工夫していく中で、こんな野球もあったんだという野球の感じ（イメージ）が少しずつ変わってきている。また、ベースボールが苦手だった女子のあきほさんは

> ピッチャーができて、楽しかったです。投げる練習をみんなと必死でやりました。たけるくんも教えてくれました。それで、もっとやる気になりました。みんな、ありがとう。

と表現している。子どもたちの意見がルールに反映されたことがやる気につながっている。このように体育・スポーツ実践が、自分やみんなにとって、どんな意味を持っているのかを考えていくことはこれからの体育・スポーツを担う子どもたちにとって重要なことであると思われる。さらに、今ある運動文化（技術・道具・ルール・組織・制度など）はその時代の人々によって歴史的に創り変えられ現在に引き継がれていということを学ぶことも大切である。この学習をする中で、先人たちがどのような知恵と情熱を込めて、この運動文化に結晶させてきたのかを探っていこうとする芽を培い、中学校・高校の学習へと繋いでいきたい。

3.　高学年体育で育てたい力

(1) 運動（技術）にはうまくなっていく筋道と方法があることがわかる力

高学年期は「運動文化の特質（そのスポーツにしかない独自のおもしろさ）」を本格的に学び始める時期である。最近は運動技能獲得の格差がますます広がっていて、「みんなができることにこだわるよりもその子なりに運動を楽しめばよい」という考え方が広がっている。これは、結局、子どもの能力を固定的に見ることにつながってしまう。「運動を楽しむこと」と「できること」は相反することではない。運動が楽しいと感じるためには「できる」ことが必要であり、その「できる」を促していくには運動の仕組みとそのできていく筋道が「わかる」ことが大切である。その過程を通じてその運動にしかない固有のおもしろさ（特質）を体得していけるようにしたい。そのためには高学年にふさわしい共通の学習内容を準備する必要がある。「何を学ぶのか」という学習内容と「どのような教材を選ぶのか」という教材選択への教師の「こだわり」が極めて大切である。たとえば、水泳では、「連続的に呼吸を確保し、リズミカルに泳ぐこと」、サッカーやバスケットボールなどでは、「コンビネーションプレイで意図的に空間を作りシュートできること」、陸上運動の障害走では、「リズミカルに障害物を跳び越え、走路空間を支配すること」、器

械運動のマットや鉄棒では「連続技を構成し、表現できること」などがあげられる。そしてその学習内容を核として、本書の授業プランが示すように「みんながうまくなる」「みんなでうまくなる」ための系統的・段階的な学習過程を仕組んでいくことが大切である。

(2) 友だちとともに教え合い学び合う力

子ども一人ひとりの能力差はあるが、その能力差があること自体が悪いのではない。それどころか、能力差がなければ「わかる」は深まらない。「できない子はいつまでたってもできない。」と能力差を固定的に見たり、能力差を人格的優劣と見てしまう見方を変えていくためには、「わかる」は不可欠である。つまり、「足の速い子はどうして速いか」「遅い子が速くなるにはどうしたらよいか」かがわかれば、「遅い」は「速く」なるプロセスの中に位置することがわかる。だから、「わかる」を媒体とすると、その「わかる」内容でつながり合えるための仲間の存在が必要となってくる。だから、「わかる」や「できる」の授業は、異質集団のグループで取り組んでいきたい。グループの中で異なる考え方やでき方を交流し、自分の考え方やでき方に磨きをかけていくために仲間としてつながらせていきたい。(1) で述べたように、うまくなるには、だれもが通っていかなければならない運動のポイントが「わかり」、「できる」ことによって、次の授業への意欲が高まっていく。たとえば、泳げなかった子どもが泳げる子のアドバイスによってできるようになり、対象物である海やプールの見え方が変わり、「こんなすてきな世界があった」と気づいた実践例がある。このように、実感を伴った「わかる」を友だちと共有することでお互いが結び合っていく。

(3) みんなの合意でルールを決めたり、創り変えたりできる力

スポーツをするにあたって、スポーツ場面のプレイを成立させている条件の 1 つに「ルール」がある。このルールには、どんなコートやゴールの大きさ、どんな用具や道具を準備するか、ゲームのねらいや進め方、勝敗の決め方やゲームの本質に関わる基本原理（対等・平等、人命尊重、安全確保、不合理の排除など）など学ぶべき多くの内容がある。しかし、すでに地域やクラブ、子ども会等でサッカー、バレーボール、野球で活動している子どもたちほど、既存のルールにこだわる者が多い傾向がある。それは、「スポーツのルールはだれかが決めていて必ず守るもの」という考えが根強いからである。しかし、「このルールは、どういうプロセスで生まれたのか。どのように変わってきたのか。それはなぜか。」を問う機会は意外と少ない。子どもたちには、ぜひ「どんなスポーツも必ずその時代の社会や歴史と関わりをもっており、その時代に生きた人々が今あるスポーツを創り変えてきたこと」「そのスポーツのルールを変えるとそのスポーツのおもしろさやよさも変わってくる」ことを学んでほしい。「みんなと合意しながら、自分たちでルールは変えられ決められるもの」ということを実感してほしい。その単元・授業で何を学ぶのかとの関連で子どもたちが「ルール」を考えていく授業を構想していきたい。

(4) 発表会・記録会・競技会の企画や運営ができる力

子どもたちが商業主義的スポーツのゲスト

（消費者）にされがちな今日、自分たちで企画し、管理運営していく力を育てていくことは極めて重要なことである。また、記録会や競技会は「競争」を伴うので、何を競い合うのかを議論させていきたい。「競争」は絶対的なものではなく、条件によって変わってくることや競い方の基準によって変わってくることも学ばせたい。より速く、より遠くの速さや距離だけを競うのではなく、コントロールや正確さを競うことも考えられる。第２章の授業の実践プランでも単元の学習の成果のまとめとして、記録会、発表会、リーグ戦などが計画されている。この単元ではじめに設定しためあてや学習内容が達成・獲得できたかどうかを評価するとともに、その成果をみんなで確かめ合うことが大切である。

①自分たちで〜会を企画するには、どんな準備をしなければならないか②子どもたちの一人ひとりにどんな役割、係が必要か③どうしたらみんなが参加し、楽しみ、競い合うことができる会になるか④球技の対戦方法はどうするか、勝敗の決め方はどうするか、器械体操の採点基準はどうするか⑤審判員はどうするか等をみんなで相談し、合意しながら進めていきたい。そして、「自分たちで創ってやり遂げた」ことを実感させたい。

(5) 運動文化を継承したり、創造したりできる力の芽を

わたしたちは、先述したように「子どもたちをスポーツや運動文化の継承と創造の主人公に育てること」をねらいにして、日々実践に取り組んでいる。そのためには、これまでの「できるようにする」「うまくする」だけの体育から抜け出て、教えるべき内容を技能習熟だけで構成するのではなく、文化としてトータルに教えることが重要だと考えている。体育の「できる」（技能習熟）や「わかる」（技術認識）は体育で学ぶべき中核部分ではあるが、それだけでは十分ではない。

昨今、スポーツが国民生活のなかに根づき、文化として成熟しつつある。スポーツの科学的研究の成果、特に文化的研究の急激な深化によって子どもたちに学んでおいてほしいと思う内容が急増している。たとえば、「ハードルの用具や跳び方の変化（技術の用具の関係）」、「トーナメントと戦リーグ戦の有り様」、「サッカーでの『PK 戦』（勝敗の決着のつけ方）」、「バスケットボールのルールの歴史的変化（スポーツとルールの変遷）」、「ベースボールのラインやバスケットボールのコートの誕生」「オリンピックやパラリンピックの目的」、「なぜ、人は走るのか（スポーツの価値と未来）」等取り上げたい内容はたくさんある。

このような「問い」や「疑問」に対して様々な答えが返ってくるだろう。第２章には、体育理論として「オリンピック・パラリンピック」が掲載されている。単にスポーツをするだけでなく、その競技がもっている文化を多面的に学んでいく必要があるし、オリンピック精神とフェアプレイの意義について考えるプランが示されている。このような授業は基本的には中学・高校で位置づけられるべきかもしれないが、小学校高学年期でも実践がされ、教材や教具、授業が工夫されれば、「小学生で興味を示した。」という報告が多々見られる。

(6) 自分やみんなの「健康」・「人権」・「いのち」について考える力

現学習指導要領（平成 29 年告示）では、

5学年で「けがの防止」「心の健康」、6学年で「病気の予防」が取り上げられている。ここでのねらいは、まだまだ健康の自己責任論や対症療法の域を出ていない。「健康」を自己責任や心がけ主義的な問題としてとらえるのではなく、「人々の命や健康を大切にする社会をつくること」と関連づけて考えていくことが大切となる。

本書で紹介するプランの1つ目は、「健康教育（スマホと健康）」では、4年生でスマホをもっている子も多く、特にゲーム機などはほとんど持っていて、①やめたくてもやめられない依存症の子がいる②ブルーライトをパソコンやスマホから昼夜を問わず人間の目が浴びることで体内リズムが乱れてしまって生活習慣病を恐れがあるなど、子どもたちの健康を脅かす危険性がある。そこで、この学習を通じて、日常の健康を子どもたち自らが見直していこうとしている授業プランである。

2つ目の「健康教育（水俣病から学ぶ）」では、「水俣病はどうして起きたのか」の学習を中心としながら、水俣病で苦しむ人々やその家族の思いを考え、公害や環境を守る取り組みを調べ、自分の考えを表現していくことをねらいとしている。

これらの実践の特徴は、告発型の授業ではなく、「対話の授業」、「父母の参加と共同」をキーワードにして授業づくりを進めていこうとしているところにある。

Ⅳ．高学年体育における内容の取り扱い方と評価

1．重点教材の考え方

(1) 基本となる考え方

高学年は、運動文化の成立条件や特質を学び始める時期であり、主体的な学びを形成していくのにふさわしい時期である。「うまくなる、できる」だけでなく「わかる」を技術認識のレベルまで引き上げながら、できる子もできていない子も共に学んでいく学習をめざしたい。さらに、その「わかる」を「スポーツ文化を学ぶ」の入り口にまで導きたい。

しかし高学年といえども、低・中学年期に「みんなでできた」という成就感を味わったことのない子どもたちであれば、そこから学習をスタートさせなければならない場合もありうる。まずは目の前の子どもたちの実態をつかむことが重要である。体育や保健の授業の学習歴、運動技能のレベル、学級集団や学習集団の特徴などを知った上で教材を選んでいく必要がある。

(2) 重点教材を選ぶ視点

高学年は、大きく分けて次のような視点に立って重点教材を選んでいくことが必要である。

①「できる」だけでなく、「わかる」を技術認識のレベルにまで引き上げられる時期
「技術指導の系統性」や「技術のポイント」が比較的はっきりしていて、「わかる」によって「できる」や「うまくなる」が保障されやすく、意欲的に「技術的な課題」に自らが（みんなで）向かっていける教材。

②主体的な学びを形成していく時期
グループや学級で課題解決のための話し合いが進められ、みんなで計画・実践・総括というグループ学習のサイクルが行いやすい内容の教材。

③「スポーツにおける『文化』を学ぶ」ことの入り口に立てる時期

「うまくなることの意味」を「みんな」（学習集団の意義）や「スポーツ文化」（歴史やルールなど）と重ね合わせて考えることのできる教材。

すなわち、「わかってできる」ことの意義やおもしろさ、たのしさを十分味わえることのできる教材が望ましいとし、体育科における小学校の出口像も意識して教材を扱う必要がある。

2.　重点教材の取り扱いと年間計画

子どもたちに視点を与え学習をゆだねることが必要であるという観点に立つと、おのずと重点教材として１教材（単元）にかける時間は、10～15 時間程度が必要である。そう考えると、重点教材は、各学期に一教材程度が妥当であろう。そこで、年間計画（年間カリキュラム）を立てるにあたって注意したいことは次のような点である。

(1) 体育学習で高学年としてつけたい力を明確にする。
(2) その教材で何を学ばせるのか(教材内容)を明確にする。
(3) 学期ごとの重点教材とねらいを明確にする。

(1) については、前述（本章Ⅲ - 2）の「高学年体育で育てたい力」の６項目とのつながりを持たせることを意識する。

①運動（技術）にはうまくなっていく筋道と方法があることがわかる力
②友だちと教え合い学び合う力
③みんなでルールを決めたり、創り出したりする力
④発表会・記録会・競技会の企画や運営ができる力
⑤スポーツを「したり見たりすることの意味」を考える力
⑥自分やみんなの「健康」・「人権」・「いのち」について考える力

これら「育てたい力６項目」が、６年生という小学校の出口にあたってつけられていくように教材を選択していくことが望まれる。

上記のような観点に立って各学期の重点教材を例示してみる。

◎１学期

技術分析や観察の視点をはっきりさせるためにうまくなっていく道筋が見えやすい教材（６項目の①②）

《例》

○陸上運動（ハードル走、リレー、棒幅跳び）、○水泳、○器械運動（とび箱…台上前転→ネックスプリング）

◎２学期

自分たちで計画・実践・総括の学習サイクルがつくりやすい教材（６項目の③④）

《例》

○器械運動（集団マット）、○表現（民舞）、○ボールゲーム（フラッグフットボール、ベースボール型）

◎３学期

これまでの学習のまとめとしてのさらに深い学びにつながる教材（６項目の③④⑤）

《例》

○ボールゲーム（フラッグフットボール⇐作戦づくりと個々の役割）

○陸上運動（混成競技⇐得点のつけ方と合意形成）

また、６項目の⑥については、保健学習として、総合的な学習の時間などともリンクさせて行いたい。（※詳しくは、本編の保健領域参照）

ここでの記述は、あくまでも「例」である。

それぞれの所属校の体育学習を行う際の条件やカリキュラムなどと照らし合わせて考えなければならない。まずは、1年間の計画において教材でも上記内容を意識して学習計画を立てるところから始めてはどうだろうか。

3. 高学年のグループ学習―そのとらえ方と方法―

(1)「みんなを大切にする」＝「一人ひとりを大切にする」グループ学習

高学年のグループ学習では、「みんながうまくなること」を保障するだけでなく、「みんなでうまくなること」のたのしさや喜び、さらにその意義などを学んでいくことが重要である。そのためには、運動が「得意」な子ども、「苦手」な子どもが共に学ぶことのできる「異質協同」のグループをつくる必要がある。さらにそのグループをつくる際には、教師が決めるにしても子どもたちの中で決めるにしても「合意」が大切であり、学習中もグループ会議やリーダー会議などで、常に「合意」を行いながら進めていくことが教師に求められる。その中で、小学校の出口像として「計画・実践・総括」のプロセスを自分たちで行えるような力をつけさせたい。

(2)「わかる」につながる学習過程

上記のような主体的な学びを実現させるためには、「わかる」ことを具体化させるための学習過程も必要となる。主体的な学びの深さについては、順序として次のように考えられる。

①技の仕組みがわかる。

②技を獲得していくためのスモールステップ（どのような順序で学習していくか）がわかる。

③友だちのつまずきがどこにあるのか？　さらに、つまずきに対してのアドバイスの仕方がわかる。（みんなで考える）

④「できる」ために必要な教具や用具を考える。

⑤「①～④について考えることにどのような意義があるのか」について考える。

いずれにしても指導者は、「教材で学ぶ中身＝教育内容」やそれを獲得させるための方法の提示、学習中の具体的なアドバイス等ができるような深い教材解釈が必要である。

4. 高学年のグループ学習の具体例

前述したように、高学年のグループ学習では、低学年や中学年で培ってきた力（教師が与えた視点にそって教え合ったり、自分たちで簡単な技術分析を行ったりする力）をもとに、「なぜ」を大切にした主体的で深い学びを組織していきたい。当然、技術のレベルの差はあるが、だからといって個人のめあてがバラバラで学ぶ中身がつながらない「めあて別の学習」はしない。共通の学習課題で異質のグループ（うまい子も下手な子いる）をつくる。その上で「自分たちの行ってきた学習には、どんな意味や意義があったのか」についても考えさせていきたい。

（具体例）

第2章の「水泳」の授業プランをみてみよう。5年生のクロールでは「ローリングの作り方『ローリングのしくみやその方法』と「クロールの習熟練習の仕方」、6年生のバタフライでは、「うねりの作り出し方（あごの出し入れとキックのタイミングやコンビネーションの仕方）」と「バタフライの習熟練習の仕方」が「わかる」が共通の学習内容である。

子どもたちは、この「わかる内容」を媒介

にして友だちの泳ぎを見て、つまずきを見つけアドバイスができることを目標に学習をすすめていく。学習過程の前半では「泳ぎのポイント」を見つける探求型のグループ学習である。そして、そのための発問を用意し、子どもたちに見つける方法も考えさせる。後半の習熟の時間では練習の順序を記したスモールステップ表が用意され、みんなができるように練習をしていけるように仕組まれている。そして、初期の段階（５年生）では、基本の泳ぎである「ドル平の復習」から始め、みんなが泳げるようになる練習計画を立て、練習し、総括ができるように、教師がきめ細かな支援をしている。６年生では、５年生で学んだことを生かして、グループ学習が少しずつ主体的にできるようにする。さらに、子どもたちがリーダー会議を中心にそのプロセスを自分たちの手でできるようにしている。

このように、子どもたちが試行錯誤しながら、友だちのつまずきを見つけ、その原因を考え、適切なアドバイスができるようになることを重視する。そのための時間保障をしていく必要がある。

Ⅴ．評価について

評価については前述したとおり、「どのような力をつけるのか」の意識を持ち、評価内容や方法に一貫性をもたせたい。どのような技術が獲得できたら「できた」とするのか、また、何を根拠に「わかった」とするのかを具体的な事象から見とることが重要である。

さらに指導者として「この学習には、どんな意味や価値があったのか」について、具体的に考えておく必要がある。

「わかる」「できる」は、相互に関連して学習が進むが、ここでは、ひとまず「わかる」「できる」を分けて評価することにする。そして、「わかる」「できる」を、何をもとにどのように評価するのかを、領域ごとに例示する。

（例）

○陸上運動

「できる」

…目標値（タイムや距離）が、どの程度達成できたか。

「わかる」

…記録と照らし合わせ、どの技術を学んだ事で記録が伸びたかなどをふり返る。（グループノートの記述や感想文より）

○ボール運動（ゴール型ボールゲームにおいて）

「できる」

…２人によるコンビネーションからのゴール（得点）がどの程度可能になったか。

「わかる」

…自分たちのチームで、ゴール（得点）、また自分ができたプレイをふり返ることができるか。（「ゴールまでの動き図を描けているか」を描いた図とVTRから読みとる）（グループノートにおいて、友だちへのアドバイスや友だちからのアドバイスについて書けているか）

○器械運動（マットを例にして）

「できる」

…友だちと共に、動きを合わせたりずらしたりして集団でマット上での表現ができたか。

お互いの動きをスムーズにつなげるための技の所作を獲得できたか。

「わかる」

…マットの平面図にみんなと合わせるための動きを描いたり、描いた動きを理解し

て動けたりできたか。(VTR や感想文から総合的に読みとる)

「わかる」

…友だちと教え合ったことで、自分や友だち、または自分たちのチームがどのように変化したか。

(どのような言葉やアドバイス、または何をきっかけにうまくなったか)

グループやチームで取り組む意味や意義について自分なりに考えることができたか。

そのスポーツの形成過程や意義に気づき、自分たちのつくったルールと照らし合わせて考えることができたか。

○水泳(クロールを例に)

「できる」

…ローリングのあるリラックスしたクロールが泳げる。(できれば50ｍ以上の泳力)

「わかる」

…クロールのローリングの仕組みについてわかる。

クロールの習熟練習の仕方がわかる。(グループノートの記述や活動の様子から)

※このほか「学び合いについても評価するが、詳しくは「水泳」の章(p.48-59)を参照。

以上のように、しっかりと評価するには、具体的な資料が必要になる。VTR をとっておくことやグループノートなどへの記述のさせ方、動き図などの描かせ方、審判の仕方などを確立させることも、指導者として考えておきたい。さらに、「わかる」と「できる」は決して分離されるものではなく、「わかったからできた」のであり、それが自身に認識できたのかどうかを探る手立てとして感想文や動き図、VTR を見るのである。したがって、以下の表には「わかる」と「できる」を分けずに「わかる・できる」で表示している。

※器械運動では、マット運動を例にあげた。それぞれの教材での評価は必要ではあるが、「鉄棒」については、低・中学年までの取り組みが成果があがって、望ましいと考えている。したがって評価は、低・中学年のシリーズにゆだねたい。

領域	単元名	単元のめあて	わかる力・できる力	伝える力	核になる動きや技
体つくり運動	体つくり運動 「なわとび」	縄の動きと自分の体の動きを協応させ、1人～集団での連続技づくりをしよう。	・縄の動きを読んで、くぐりぬけたりとびぬけたりすることができる。 ・縄の動き方に気づき、縄に加える力で動きを調整できる。	短縄や長縄の動きを読んで、回したり走り抜けたりとびぬけたりをリズムよくできるようなタイミングを伝え合う。	短縄、長縄、キャッチロープ、集団縄跳び、ダブルダッチなど
器械運動	マット運動 「集団音楽マット」	側転を含んだ連続技を友だちや音楽に合わせて美しく表現しよう。	・つなげたマットや、方形マットでの面の使い方がわかる。 ・スムーズな技のつなぎ方ができる	グループの友だちと技を合わせたりずらしたりするためにお互いが動きを伝えあえる。	スプリング系(側転＝前ひねり・ホップ側転・ロンダード)ロール系(前転・後転・開脚前転・開脚後転 倒立前転、飛び込み前転) ジャンプ、静止、バランス技など

領域	単元名	単元のめあて	わかる力・できる力	伝える力	核になる動きや技
	跳び箱運動	美しい横跳びこしや開脚跳びで跳ぼう。	・跳び箱に必要な踏み切り、突き放し、ハネのタイミング、着地などについて理解する。 ・美しく跳び箱を跳びこす事ができる。	「ハネ」のタイミングなどを、お互いが動きを伝え合える。	腕立て横跳びこし台上前転→ネックスプリング、ハンドスプリングなど
	鉄棒運動	技と技をつないで連続技を完成させよう。	・コウモリ振り下りができるための道筋がわかる。 ・上がり技・振り技・回転技・下り技を組み合わせた連続技の演技ができる。	「ハネ」や「あふり」のタイミングなどを、お互いが動きを伝え合える。	コウモリ振り下り 足かけ上がり 足かけ前転 足かけ後転など
水泳運動	リズムを変えたドル平〜近代泳法（クロール、平泳ぎ、バタフライ、背泳ぎ）	ゆったりとしたリズムでゆっくり長く（100以上）クロールや平泳ぎを泳ごう。	・泳ぎのリズムを中核として、近代泳法における腕のカキと呼吸のタイミングが分かる。 ・クロールや平泳ぎで100m以上、バタフライで25m以上泳ぐことができる。	グループの友だちの泳ぎを観察して、脱力やリズム、呼吸のタイミングなどのアドバイスができる。	リズムを変えたドル平、クロール、平泳ぎ、バタフライ、背泳ぎ
領域	単元名	単元のめあて	わかる力・できる力	伝える力	核になる動きや技
表現運動	ダンス （民舞）	曲や歌詞の意味からのイメージを大切にし、友だちと合わせながらのびのびと踊ろう。	1つ1つの技や動きが表している意味を意識して表現できる。	グループや友だちの踊りや技を観察し、体の動かし方のポイントを伝え合うことができる。	
陸上運動（走運動）	・短距離走 ・リレー	短距離走のメカニズムを知り、スピードを落とさずに走る方法やバトンパスの仕方を学び、ベストのタイムを出そう。	スピード曲線の意味が分かり、スピードを落とさずに走るいろいろな方法がわかる。 スタートのタイミングがわかり、トップスピード（スピードを落とさない）でのバトンパスができる。 ベストタイムを出すためのオーダーについて考え合える。	データや資料をもとに自分の「走」を知り、スピードの落ちない走り方をグループの友だちと見つけ合う。リレーにおけるスタートのタイミングと、トップスピードでのバトンを受け渡しできる。 友だちのハードル走で、振り上げ足が正面から見えるかどうかを見て伝え合える。	リズム走 腕ふり走 GOマーク走 曲線走、直線走
	ハードル走	4歩のリズムでハードルを跳びこし、ベストのタイムを出そう。	ハードルをリズムよくまたぎ越すために、遠くから踏み切り近くに降りることがよいことがわかる。 振り上げ足をまっすぐに振り上げることができる。	振り上げ足が正面から見えるかどうかを見て伝え合える。	40mに4個ぐらいの障害（段ボール・ハードル）を置いた障害走での4歩のリズム

領域	単元名	単元のめあて	わかる力・できる力	伝える力	核になる動きや技
陸上運動（跳運動）	棒幅跳び 走り幅跳び	遠くへ跳ぶための跳び方や走り方を工夫しよう。	・棒にしっかりとつかまり、強く踏みきることで遠くへ跳べることが分かる。 ・「走」の最小単位である「４歩」のリズムからのリズムの変化を使って踏み切ることができる。 ・距離を伸ばすために助走や踏み切りの仕方を工夫できる。	・力強く踏み切り、脇をしめて棒にしっかりとしがみつけているかを伝え合える。 ・リズムの変化を「タターン」などの言葉に変えて伝えることができる。	棒へのぶら下がり 棒幅跳び 走り幅跳び
領域	単元名	単元のめあて	わかる力・できる力	伝える力	核になる動きや技
ボール運動	フラッグフットボール	相手のいない所（空間）見つけ、ランプレーやパスプレーでタッチダウンしよう。	・タッチダウンするために空間をつくる必要があることがわかる。 ・敵の守りからクォーターバックをガードする攻めが分かり組織的にプレイできる。	・タッチダウンするための作戦、組織的な個々の動き。 作戦やルールを確かめてプレイできる。 友だちの動きを見て記録し適切なアドバイスができる。 作戦と実際の動きを比較して課題が見つけられる。	ランプレー パスプレーハンドオフ（スウィッチ）
	バスケットボール	グループで組織的に動き、最重要ポイントからのシュートを決めよう。	・敵のいないところに走りこみ、シュートすると得点になりやすいことが分かる。	友だちの動きを記録し適切なアドバイスができる。 作戦と実際の動きを比較して課題が見つけられる。	・空間を見つけて走りこむ動き ・時間のずれを使い、空間に走りこむ動き
	サッカー	空いている場所を見つけ走り込んだり、ボールをもらったりしてシュートにつなげよう。	・ボールとゴールの位置関係や、バスをしたり、受け取ったりするタイミングがわかる。 ・状況に応じてシュートができる。 ・計画的な作戦を立てることができる。	友だちの動きを見て記録し適切なアドバイスができる。 作戦と実際の動きを比較して課題が見つけられる。	計画的なパス、シュート 状況に応じたパス、シュート
領域	単元名	単元のめあて	わかる力・できる力	伝える力	核になる動きや技
	スマホと健康 （5・6年）	スマホやゲーム機の良さと問題点を知り、考えよう。	依存症、ブルーライト、ネットトラブル等の問題とスマホやゲーム機との関連がわかる。	スマホやゲーム機と自身がどのようにつき合うか考え、保護者との交流を行う。	アンケート 読み物、絵本、ビデオ等

保健	水俣病から学ぶ（５年）	・水俣病の病変と原因を知ろう。 ・社会の変化を知り、自分たちとのつながりを理解しよう。・グループや学級で話し合い、自分の考えを伝える力をつけよう。	・水俣の学習から、環境破壊や食物連鎖について理解する。 ・社会の中で生きる自分たちの生活が、社会をつくっていくことに気づく。 ・グループや学級の中で仲間の話を聞いたうえで自分の意見を述べることができる。	・水俣病が発覚してから現在も患者申請が増えている状況を知り、自分なりの考えをまとめ、発表できる。	・水俣病関連資料（写真、生活絵、映像、症状の解説、読み物、分布図、水俣条約など）

第2章

小学校高学年体育の授業プラン

陸上運動
（あてっこペース走、４歩リズム走）

Ⅰ．教材について

体育授業で「陸上をやるよ！」というと、「エーッ」というブーイングが起こり、顔をしかめる子が多くいる。陸上運動が子どもたちから敬遠されるのはなぜなのだろうか。

それは、走・跳・投という単調な運動を繰り返し、能力の限界まで出すことが要求されることからきている。また、陸上運動の能力は生得的に決まっていて、少しぐらい学習しても変わるとは思われないことからきている。しかも、子どもたちはそうした能力を競わされ、比べられるので、一部の能力の高い子どもは楽しめても、それ以外の子どもにとってはつらいものになる。

しかし、陸上競技は、古い昔から先人たちがその力と技と知恵、情熱とロマンをそそぎ込んで創り上げてきた運動文化である。そして、その技術を系統的に学ぶことによって、誰でもうまく走り、跳び、投げる秘密と喜びをわがものとすることができる。私たちは、陸上運動は「かったるいからイヤだ」と座り込んでしまう子よりも、「面白そう、やってみたい」と目を輝かせる子に育てたいと考えている。

私たちは、陸上競技の本質（特質）を、「リズムの変化を含んだスピード・コントロール」と規定してきた。[※1] この考え方はたいへん優れた先見的なものだったが、今日では、競技文化であることも考え合わせて、陸上運動（競技）の本質（特質）を、「陸上での走・跳・投の競い合い」と捉えている。ここでいう「競い合い」とは、能力主義的で敵対的な「競い合い」ではなく、「みんなが・みんなで楽しみ合い、ともに高まり合うことめざす、競争と共同を統一した人間的な競い合い」である。

また、移動運動である走・跳種目と操作運動である投種目をいったん分けて捉え、前者の基礎技術を、「姿勢制御を含む、ピッチとストライドの支配による、走(跳)リズムとスピードのコントロール」と捉えている。[※2]

ところで、学習指導要領（2008）では、各階梯（２学年）の陸上運動の技能の「内容」が表１のように構成されている。[※3]

ここでは、各種目の発達階梯間の発展は、

表１　小学校学習指導要領（2008）における陸上運動系の技能の内容

小学校１・２年	小学校３・４年	小学校５・６年	中学１・２年
30～50m 程度のかけっこ	⇒ 40～60m 程度のかけっこ	⇒ 50～80m 程度の短距離走	⇒短距離走
折り返しリレー遊び	⇒周回りリレー	⇒いろいろな距離でのリレー	⇒リレー
			長距離走
	小型ハードル走	⇒ 40～60m 程度のハードル走	⇒ハードル走
ケンパー跳び遊び			
幅跳び遊び	⇒短い助走での幅跳び	⇒助走距離 15～20m の走り幅跳び	⇒走り幅跳び
ゴム跳び遊び	⇒短い助走での高跳び	⇒助走が５～７歩の走り高跳び	⇒走り高跳び

走る距離、ハードルの大きさ、助走の距離や歩数等の量的な違いとなっており、学習内容の質的発展は見られない。また、各種目間の学習内容の関連性や転移性も見られない。したがって、授業は、階梯が上がるごとに同じような内容を少しずつ（量的に）「発展」させて取り組まれることになる。また、各種目の学習が「別個の内容として」取り組まれる印象が強く、これでは、陸上運動の単元構成が細切れになり、無駄や重複の多いものになってしまわないかと感じる。

これに対して、私たちは、前の階梯で学習した内容が次の階梯に質的に発展してつながり、ある種目で学習した内容が他の種目の学習にもつながるような系統性が望ましいと考えている。[※4]

そこで、いわゆる「9・10歳の壁」をはさんだ２段階の陸上運動の内容構成案を提案したい。すなわち、第１段階として、小学校低・中学年では、未分化で総合的な楽しい遊びの中で子どもたちの走・跳・投の能力を基礎的に耕すことをねらい、その上に、第２段階として、高学年から中学校にかけては、それを陸上運動の技術として意識的・科学的に再学習して行くという組み立てである。

具体的には、第１段階では、障害（物）走とそのリレーを主要教材として、走・跳の運動の耕し直しを行うことを中心に据えて、その脇に楽しい「跳ぶ遊び」と「投げる遊び」を補助的に配置する。この段階では、変化に富んだ環境条件の設定によって動きが導かれる学習が基本になる。

そしてその上に、第２段階では、まず「あてっこペース走（4歩リズム走を含む）」を「基礎教材」として、走・跳種目の陸上運動の技術を意識的・科学的に再学習することを中心に据える。そしてそこから、各走種目や、（走と跳を結合させた）跳躍種目や、（走と投を結合させた）投てき種目へと発展させる学習を展開して行く。

確認しておくと、第１段階で学ばれる内容と、第２段階で学ばれる内容とは、同じ「姿勢制御を含む、ピッチとストライドの支配による、走（跳）リズムとスピードのコントロール」技術であり、教材構成の形と学習方法が違うだけである。

Ⅱ．高学年の走運動のねらい

小学校高学年は、すでに述べた陸上運動の内容構成案の第２段階の入り口にあたる。ここでは、この後に陸上運動の走・跳・投の各種目の基礎となる、次のような「ねらい」を設定する。

〈できる〉

①姿勢制御を含む、ピッチとストライドの支配によって、走（跳）のリズムとスピードのコントロールができる。

②それを、中間疾走、スタートダッシュ、スタートダッシュから中間疾走への切り替え（ギア・チェンジ）、ラストスパートなどの諸局面に応用して走ることができる。

〈わかる〉

①走った結果の記録や走っている経過のデータを手がかりに、自分（たち）の走りがどうなっているのかがわかる。

②仲間の走りの見取り・アドバイスと、自分が走った時に身体で感じたこととを手がかりに、自分（たち）の走りがどうなっているのかがわかる。

③競走（競争）とは、ルールや条件を制限して初めて成立するものであり、これまで「こ

れが陸上の競走（競争）だ」と思ってきた以外に様々な競走（競争）やり方・楽しみ方があることがわかる。

〈学び合い〉

①役割を分担して記録やデータをとって分析したり、仲間の走りを見取ったりして、それらに基づいてアドバイスし合うことができるようになる。

Ⅲ．学習の進め方

1.　グループ作り

８人程度のグループを作る。人数が多くなると、意見をまとめたり練習の計画を立てたりすることが難しくなるが､陸上運動の場合、役割分担をして合図をしたり、記録をとったり、仲間の走りを見取ってアドバイスしたりするのに少し多めのメンバーが必要になる。また、グループ内に２人組のペアを作って、お互いにアドバイスし合うようにする。

グループは、走るのが得意な子どもと苦手な子どもが混ざった異質グループにする。また、リーダー的な子どもや集団的な活動が苦手な子どもを各グループにうまく配置することも必要となる。

決め方については、初期の段階では教師から提案することが多いが、経験を積む中で子どもたちと話し合って決めていくことを大切にしたい。どちらにしても「なぜこのグループにするのか」を子どもたちと合意していくことが重要である。

2.　グループ学習のやり方

高学年の陸上運動（走運動）のグループ学習では、①走った結果である記録（タイムや歩数など）や走っている経過を目に見える形にした客観的データ（スピード曲線、ストライド曲線など）と、②仲間の走りの出来ばえを目で見たり、自分が走りながら身体で感じたりして得た主観的印象とを突き合わせながら、技術を分析したり交流したりすることを通して、「できる」と「わかる」を統一していくことが求められる。

このうち特に②については、一瞬のうちに過ぎ去ってしまう走る動きを捉えるのは難しいので、初めは教師が見取りやすいポイント（視線、腕振り、足音など）を示し、しだいに子どもたちがより本質的なポイントを見つけて見取ることができるよう指導していく。

また、陸上運動は競走（競争）が最もシビアに表れる種目の１つであるので、子どもたちが「常識」的に持っている競走のやり方だけでなく、様々なルールや条件による競走（競争）を体験させることを通して､その「概念くだき」を行うことが求められる。

さらに、学習の終盤では、それまでの学習成果を踏まえて、自分たちの走りの現状分析と問題点を明らかにして、自分たちがもっと上手く・速く走れるようになるための走りの設計図を作り、それを実現するための練習計画を立て、実際にそれを実行して確かめるグループ学習を行わせたい。

3.　学習の場

学習を有効かつスムーズに行うためにはどのような場で練習するのかが重要である。陸上運動の場合、その場は主として白線でラインを引くことで作られるが、これを毎時間引き直すのは大変なので、できれば①単元に取り組む間は引きっぱなしにする、②校庭に目印を打って簡単に引き直しやすくする、③細いロープなどを地面に張ったコースを作っておくとよい。

（1）50m 走、50m あてっこペース走、リボン走、スタートダッシュなどの学習は、次のようなコースで行う。

10m ごとにラインを引いたコース

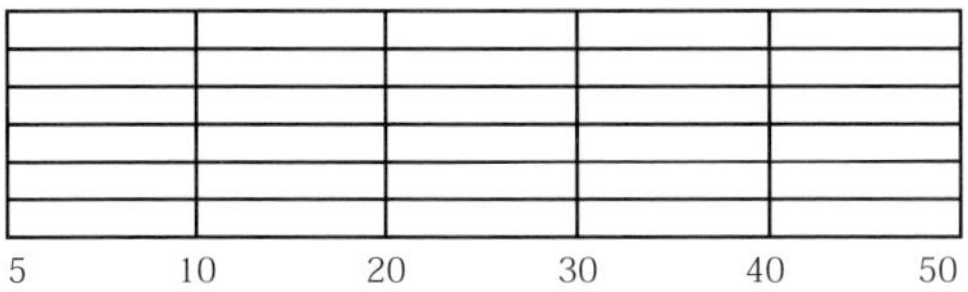

5　10　20　30　40　50

※必要に応じて、スタートラインから走ったり、その手前から助走したりする。

（2）4歩リズム走の学習は、次のようなコースで行う。

自分に合った歩幅×
4歩分のインターバルライン（デジタル）

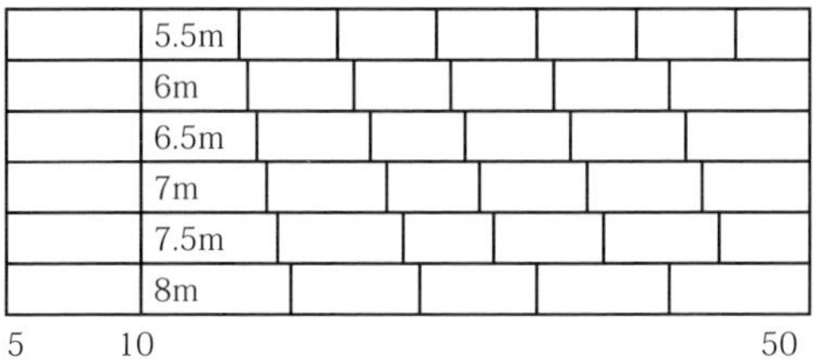

5.5m
6m
6.5m
7m
7.5m
8m

5　10　50

※スピードが上がって 10m の加速距離では不足したら、スタートラインを手前に伸ばし、その分だけゴールラインを手前に戻すなどの工夫をする。

4. グループカード・ノートやリーダー会議

グループ学習が活性化するためには、「自分たちの取り組みで〈できぐあい〉や〈わかりぐあい〉が変わってきた」と実感できることが重要である。

そのためには、グループカードやグループノートの工夫が必要になる。グループカードやグループノートには、それまでの学習で得られた記録やデータ、見取った走りのポイントやできぐあい、そして個人の感想や技術認識についての記録が残ることになる。この記録が「自分たちグループの取り組んできた成果」を実感することにつながるのである。

そのグループ学習の質を引き上げて行くのがリーダーの存在である。リーダーとしての自覚を促すことに加えて、各グループの課題を確認・交流する意味で、リーダー会議を開くことも大切にしたい。

Ⅳ. 学習の全体計画

5年生では全 10 時間、6年生では全 12

表2　5年生の単元計画（全 10 時間）

1	オリエンテーション、グループ編成 ウォームアップ、50m 走（pre）の測定	スタートのやり方は自由 2回走ってよい方のタイムを記録する
2	走・跳の基本運動 あてっこペース走（快調ペース）	助走つき 50m あてっこペース走
3	あてっこペース走（快調ペース） あてっこペース走（快調ペース）のグループ対抗戦	
4	あてっこペース走（急行ペース、ゆっくりペース） 自分が選んだペースでのあてっこペース走対抗戦	※マッチレース方式で行う（リターンマッチあり）
5	快調・急行ペース走でのピッチとストライドへの着目	50m を何歩で走っているか測定 最大ストライドと最大ピッチの測定
6	快調ペースでの歩数増やし（減らし）あてっこペース走	目標ペースに合格する範囲での歩数増やし（減らし） あてっこペース走に挑戦
7	急行ペースでの歩数増やし（減らし）あてっこペース走	目標ペースに合格する範囲での歩数増やし（減らし） あてっこペース走に挑戦
8	スタートダッシュの学習① 10m スタートダッシュ 全力走体験（リボン走）	※ 10m のタイム測定、足跡に玉入れの球を置く 全力（ペース）走への挑戦
9	スタートダッシュの学習② 20m スタートダッシュ 助走つき 50m 全力走への挑戦	※ 10m ごとのタイム測定、足跡に玉入れの球を置く 全力が必ずしも最速ではないことを学ぶ
10	50m 走（post）の測定 授業のまとめとレポート作成	スタートのやり方は自由で 「私（たち）の 50m 走の振り返りとこれからの課題」

表３　６年生（全 12 時間）

1	オリエンテーション、ウォームアップ、走・跳の基本運動 50m 走の測定（pre）	クラウチングスタートで
2	あてっこペース走（快調ペース、急行ペース）の復習 自分が選んだペースでのグループ対抗戦	助走つき 50m
3	快調・急行ペース走でのピッチとストライドへの着目	50m を何歩で走っているか測定 最大ストライドと最大ピッチの測定
4	快調ペースの４歩リズム走 ストライドを固定して走リズムを安定させる	10m 地点から 50m 地点までの４歩リズム走 線踏み走（右足でも左足でも踏む）
5	４歩リズム走（最も速く走れるコース＝ストライドを探す） ストライドを固定してピッチを上げる手がかりを探る	線踏み走（やりやすい方の足で踏む） ピッチを上げるための手がかりを工夫する
6	４歩リズム走（最も速く走れるコース＝ストライドを探す） リズムを安定させて走るための手がかりを探す	高さ 10cm 程度の障害物（ミニハードル等）を置いて、跳ばずに、踏み越すようにして走る
7	リボン走：全力（ペース）走への挑戦 スタートダッシュ（10m、20m）の学習	リボンが浮き上がる地点を探す 10m ごとのタイムと足跡の測定（「田植え」の予習）
8	50m 走の「田植え」学習	10m ごとのタイムと足跡（ストライド）の測定
9	中間オリエンテーション（教室）	「田植え」の結果の分析。 自分の 50m 走の設計とそのための練習計画づくり
10	練習計画に基づく 50m を自分の設計通りに走る練習①	
11	練習計画に基づく 50m を自分の設計通りに走る練習②	
12	50m 走の測定（post） 授業のまとめとレポート作成	クラウチングスタートで

時間で学習の全体計画を構成した（表２、３）。

６年生の序盤の段階に５年生の復習を位置づけたが、クラスの持ち上がりなどの場合には省略してもよいかもしれない。

Ⅴ．授業の流れ（5 年生）

1.　第１時間目：オリエンテーションと 50m 走（pre）の測定

①オリエンテーション

あてっこペース走とはどんなものか、そのねらいとやり方を理解させるとともに、グループ編成を行う。

② 50m 走（pre）の計測

準備運動を十分に行ってから、50m 走のタイムを測定する。

2.　第２～３時間目：走・跳運動のための基本運動とあてっこペース走

（1）学習のねらい

①走・跳運動のための基本運動を学習し、次の時間からグループでやれるようになる。

②役割を分担して子どもたちがグループであてっこペース走の学習ができるようになる。

③あてっこペース走（快調ペース、急行ペース）で得点が取れる（目標タイム± 0.3 秒以内で走れる）ようになる。

④初歩的なポイントで仲間の走りを見取り、アドバイスができるようになる。

⑤あてっこペース走のグループ対抗戦を通して競走（競争観）の概念を覆す。

（2）学習の流れ

①走・跳運動のための基本運動を学習する。

- 片足で立ってバランスをとりながらのゆっくりとした膝上げ歩き。
- 前後左右に片足ケンケンして、３歩目に止まる。
- 身体の縦軸をまっすぐにした連続その場跳び（膝を曲げず足首のバネでジャンプする）。

・同じ要領でのスキップ（歩幅は小さく、次第に高く）。
・同じ要領での左右交互の連続ジャンプ（バウンディング、歩幅は大きくしないでよい）。
・ヒールアップ走（踵を蹴り上げて尻に当てながら軽く走る）。
※これらは 30m くらいの直走路で行う。
②前時に測定した 50m 走のタイムを目標として、10m 前後の助走つきで、目標タイムにピッタリになることをめざして、あてっこペース走を行う。

助走　スタート　ゴール

目標タイムに ± 0.1 秒以内で走れたら３点、± 0.2 秒以内で走れたら２点、± 0.3 秒以内で走れたら１点、それ以上速すぎても遅すぎても０点を得ることとする。

グループでの主な役割分担は、a）走る人、b）スタートの合図をする人（スタートラインを通過する時に手や旗で合図する）、c）ゴールでタイムを測定する人、d）記録を記入する人、e）ペアの仲間の走りを見取ってアドバイスする人である。

あてっこペース走学習カード

No.	名前	１回目				２日目				３回目			
		目標	結果	差	得点	目標	結果	差	得点	目標	結果	差	得点
1													
2													
3													
4													
5													
6													
	合計得点												

③あてっこペース走のしくみ

50m 走のタイム測定をした時のスピードの変化は次の図の薄い色の線のようになる。これに対して、助走つきあてっこペース走をした時のスピードの変化は濃い色の線のようになる。点線は助走期間のものである。

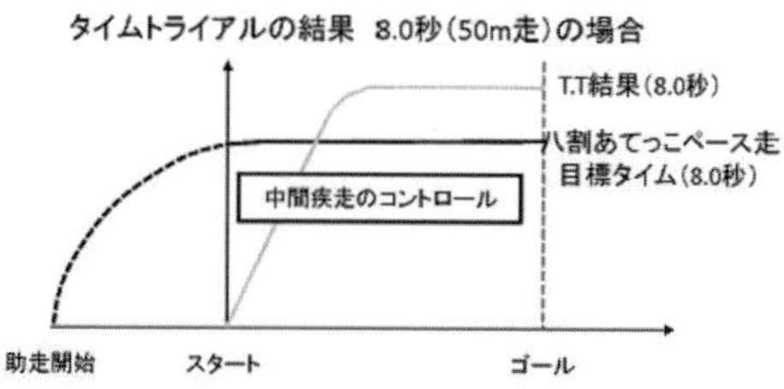

ここから、50m 走の測定タイムを目標としてあてっこペース走をした時のスピードは、50m 走の特のトップスピードの 70 ～ 80％ぐらいであることが分かる。

本稿では、このペースでの走りを快調ペース走と呼ぶことにする。また、快調ペースのタイムに 0.9 をかけたタイムを目標とする走りを急行ペース走と呼ぶことにする。

④あてっこペース走の練習の中で、ペアの子どもの走りをポイントにそって見取り、アドバイスし合う。この段階では、子どもたちの直接のめあてはタイムがピタリとあたるように走ることに向いているので、スタートの合図やタイムの測定、記録などには意識が向くが、走りの見取りとアドバイスはおろそかになりがちなので、意識的に取り組ませる。

⑤あてっこペース走を何回か練習すると、次第に得点が取れるようになってくる。そうしたら、グループ対抗戦をやってみる。すると、チームの中で走るのが得意なＡ君がはりきって速く走り過ぎて０点となり、苦手なＢさんが「ピタリ賞」で３点を取って、Ａ君に向かって「チームの足を引っ張らないで、もっとていねいに走って点をとってよ」と言い、Ａ君が「ごめん、次は慎重にやるから」と答えるような場面が出てくる。これを、走・跳の能力がシビアに競われる陸上運動に取り組

む早い段階で経験させておきたい。人間の能力は多面的であり、何か１つの尺度で切り取らない限り比べることはできない。その１つの物差しで切り取った競争の結果をその人の丸ごとの評価に結びつけてはいけないことを学んでおかないと、競走（競争）を、敵対的なものとしてではなくて協同的なものとして学んで行くことは困難だからである。

あてっこペース走対こう戦記録カード

年　組　はん

目標ペース：　　　ペース

	名前	目標タイム	結果	差	得点
1					
2					
3					
4					
5					
6					
	合計		(順位)		

目標タイム±0.1秒以内　＝３点
0.2秒以内　＝２点
0.3秒以内　＝１点
それ以上オーバー＝０点

反省（よかったところ・気がついたところ・次はこうしよう）

☆指導のポイント

あてっこペース走のねらいは、全力より出力を落としてリラックスした走りをするところにある。この状態だと、「よい走り」に向けて自分の動きを意識したり修正したりする余裕が生まれる。また、子どもたちは、全力を出していないのに、自分が意外と速く走れていることに気がついて、走ることに意欲的になる。このことを大切にしたい。

【50m 走のタイムを規準としない場合の、あてっこペース走のやり方】

もし初めに 50m 走の記録を測定しないで授業を始める場合には、次のようなやり方であてっこペース走の目標タイムを設定する。

①自分の自覚的運動強度（だいたいこんなものだろうという主観）に基づいて、「のろのろペース」「のんびりペース」「ゆっくりペース」「快調ペース」「急行ペース」などの幾つかのペースで 50m を走り、それぞれの時のタイムを測定する。（この時点では、全力ペース走は行わない）

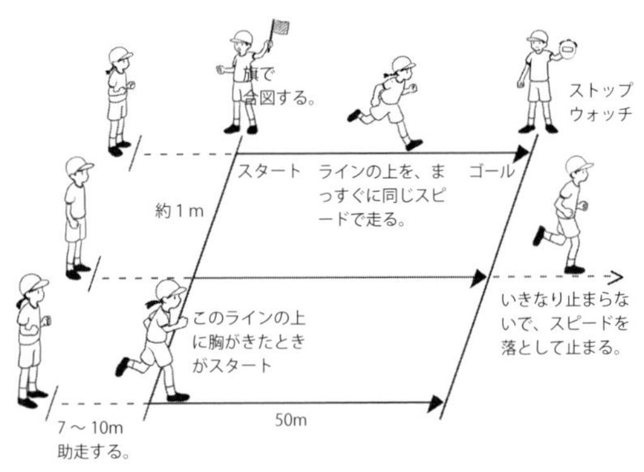

①全力ペース（自分が今いちばん速く走れるスピード）＝50mを（　.　）秒
②急行ペース（これ以上速く走るときついスピード）＝50mを（　.　）秒
③快調ペース（気持ちよく走れるスピード）＝50mを（　.　）秒
④ゆっくりペース（少しおそいと感じるスピード）＝50mを（　.　）秒
⑤のろのろペース（おそくてかったるいスピード）＝50mを（　.　）秒

②先ほどの４つのペースの中から目標とするペースを選び、そのタイムを目標としてあてっこペース走を行う。（やりながら、必要に応じてペースと目標タイムを修正する）

※このやり方の場合、各ペースにおけるスピードの変化は次の表のようになる。

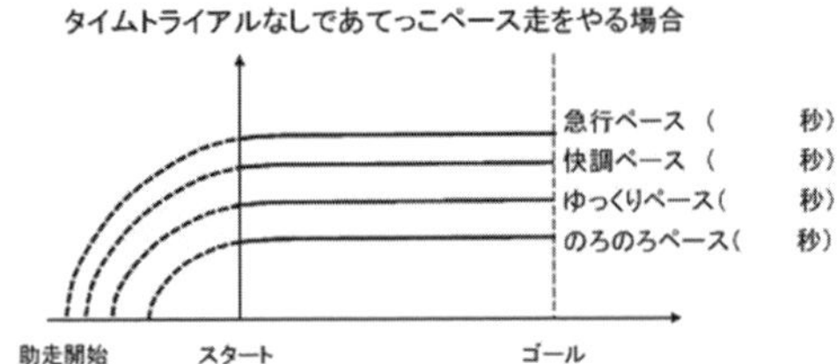

3.　第５～７時間目：あてっこペース走における歩数（ストライド）のコントロール

(1) 学習のねらい

①走りのリズムとスピードが、ストライドとピッチの支配によってコントロールされて

いることに注目させる。

②快調・急行ペース走の時に自分が 50m を何歩で走っているかがわかり、目標タイムに対して点がとれるペースを保ったままで、歩数を多くしたり少なくしたりして走ることができる。（これは、ストライドとピッチを連動させて変えることになる）

（2）学習の流れ

①子どもに「快調ペースや急行ペース走の時に何歩で走っているか？」と発問し、歩数に着目させる。

②ペアに歩数を数えてもらいながら快調・急行ペース走を行い、自分が 50m を何歩で走っているかを測定する。

ストライドへの着目―50m を何歩で走っているか
［どこからどこまでを数えるか？］

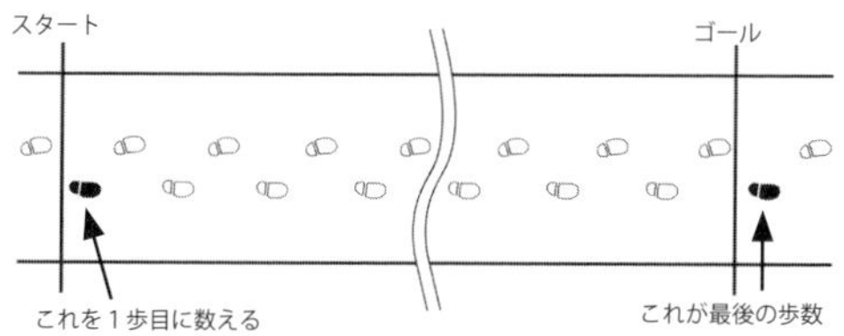

③５秒間の全力その場もも上げをして、自分が今持っている最速ピッチ（ストライドを無視したら１秒間に何回のピッチを刻めるか）を測定する。また、50m の大股跳びをして、自分が今持っている最大ストライド（〈ピッチを無視したら何歩で／１歩あたり平均何 m のストライドで〉50m を行けるか）を測定する。

④子どもたちに「今自分が持っている最速ピッチと最大ストライドを同時に実現できたら、50m を何秒で走れる可能性があるか？」と発問し、試算させる。

その結果、非現実的な速いタイムが算出されるので、子どもたちに「実際にそのタイムで走れるか？」と発問し、多くの子どもの「できない」という答えに対して、「それはいったいなぜか？」と問いかける。そうした問答を通して、「ストライドを伸ばしすぎるとピッチが落ち、ピッチを上げすぎるとストライドが落ちる」という答えを引き出す。

そして、「君たちが今持っている力で最も速く走れるための最適ピッチとストライドを探すことが次の学習課題だ」と提示する。

⑤目標タイム（快調ペース、急行ペース）に対して点がとれるペースを保ったままで、歩数を多くしたり少なくしたりして走る（大股走り、小股走り）練習を行う。

あてっこペース走における歩数のコントロール
目標タイムは変えないで、歩数を変化させて（大またで、小またで）走ってみよう。

ペースが上がって行くと、歩数を多くしたり少なくしたりできる幅が狭まり、一定のストライドとピッチに収斂して行く。そこから、もし自分が全力で走ったら 50m を何秒で走ることができ、その時の歩数（＝ストライドとピッチ）はどれくらいになるかを予測する。

あてっこペース走（８割〜９割走）における歩数のコントロール幅の変化と全力走のタイムと歩幅の予想

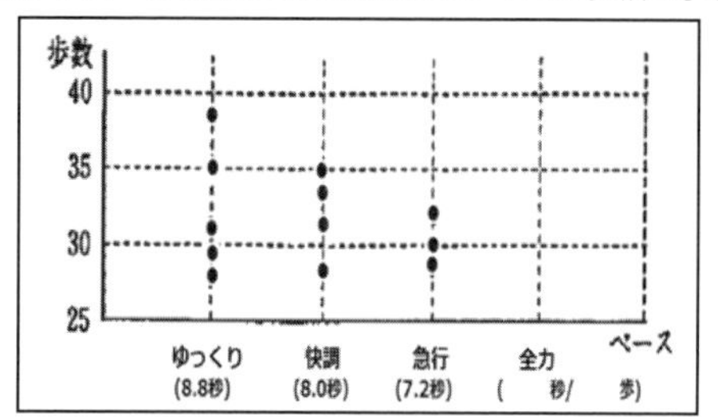

4.　第８～９時間目：スタートダッシュの学習、全力走体験（リボン走）

(1) 学習のねらい

①スタートからのすみやかな加速をするためには、どう走ったらよいかが分かり・できるようになる。

②全力走を体験する。

(2) 学習の流れ

①静止したスタートからの 10m・20m ダッシュによる加速のやり方を学習する。

②その際、10m・20m の区間ごとの歩数や歩幅の変化、上体の角度などを調べて、素早くダッシュするにはそれがどうなればよいかを分析・検討する。

スタートダッシュの学習

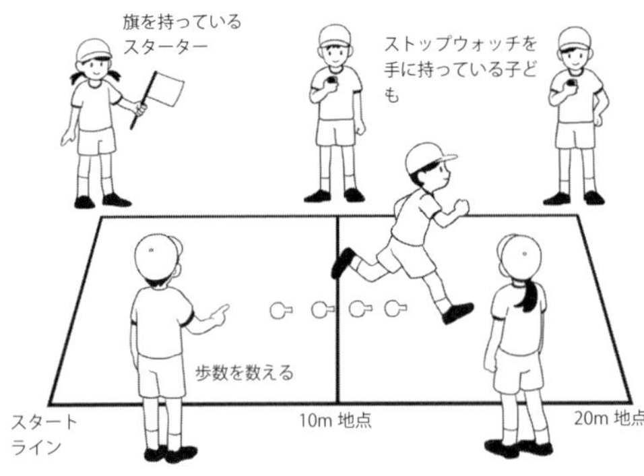

スタートダッシュの学習カード

スタートの姿勢	足の運び		10m 地点	20m 地点
数でかいてみよう	足あとを書いてみよう	通過タイム		
			0 ～ 10m	10 ～ 20m
		区間タイム		
		歩数	歩	歩

③リボン走に挑戦し、自分の全力を出して走る体験をする。

【リボン走とは】

荷造り用のスズランテープやシルクサテンのリボンなどをいろいろな長さに切ったり、継ぎ足して長くしたりして、洗濯バサミ等で運動着の背面に止めて、それを引っ張りながら走って地面から浮かせる。これは、スピードをリボンの長さに換算して、どれくらいの長さのリボンを浮かせることができるかを通して、どれくらいのスピードで走れるかに挑戦する学習である。また、スタートから何 m の地点でリボンが浮いたかを見て、加速距離を調べる学習にもなる。※４

リボン走（忍者ペース走）

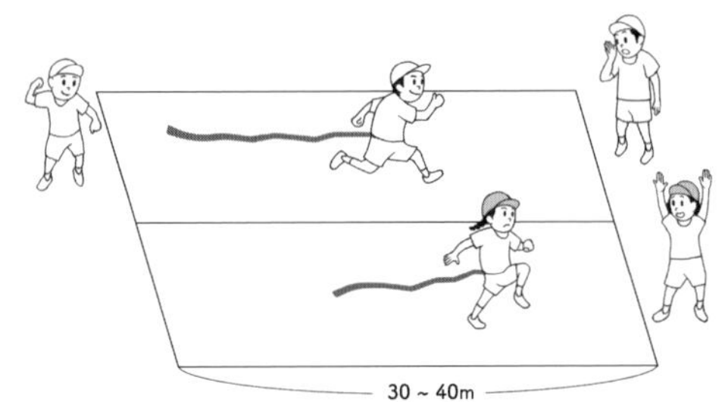

リボン走をする時の注意事項は、子どもが後ろを振り返りたがることである。そこで、ペアや仲間の子どもに「リボンが浮いた」「まだ浮かない」「浮いている」などと大きな声でアドバイスさせ、本人は後ろを振り向かないようにさせることが重要である。また、リボンが風の影響を受けるので、風の強い日には実施するのが難しいことにも留意する必要がある。

④助走つきの全力ペース走を行う。タイムを測定するとともに、ペアの子どもに、何歩で走っているかを数えてもらう。また、走りのリズムやスピードに乱れがないかどうかも見取ってアドバイスしてもらう。

☆指導上のポイント

ここでのねらいは、スタートダッシュもリボン走も、とにかく全力を出すことへの挑戦である。５年生の発達段階では、快調・急行ペース走などはある程度安定したリズムとスピードで走ることができるが、全力を出すと次の瞬間に走りが乱れる。しかし、そのことが、次時の50m走への挑戦で出現することを体験させるための下ごしらえをするのが、ここでの役割でもある。

5. 第10時間目：50m走（post）の測定、まとめと振り返り

（1）学習のねらい

これまでの学習の総決算として、50m走（post）の計測を行い、その結果の分析を通して、自分や仲間の学習の成果と問題点、速く走れるようになるための課題を振り返る。

（2）学習の流れ

①スタートからの50m走の計測を行う。
②その時の歩数やスピードの変化、走りの安定や乱れなどを、ペアの子どもやグループの仲間に見取ってもらう。
③データと仲間の見取り、自分が走った時に身体で感じたことなどを基に、自分の学習の成果と問題点について振り返りを行う。
④リーダーを中心にグループ学習の振り返りを行う。

Ⅵ. 授業の流れ（6年生）

1. 第1時間目：オリエンテーションと50m走（pre）の測定

（1）学習のねらい

①オリエンテーション

昨年の走運動の学習を振り返り、あてっこペース走のやり方とねらいについて再確認するとともに、グループ編成を行う。

② 50m走（pre）の計測

準備運動を十分に行ってから、50m走のタイムを測定する。

2. 第2・3時間目：あてっこペース走の復習

（1）学習のねらい

あてっこペース走（快調ペース、急行ペース）と、そこでの歩数（＝ストライドとピッチ）の支配の仕方について復習する。

（2）学習の流れ

①あてっこペース走（快調ペース、急行ペース）を復習し、最後に選んだペースでグループ対抗戦を行う。
②あてっこペース走（快調ペース、急行ペース）の目標タイム（快調ペース、急行ペース、他）に対して点がとれるペースは保ちながら、歩数（＝ストライドとピッチ）を多くしたり少なくしたりして走る練習を行う。
③快調ペース、急行ペースで50mを走る時の自分が最も走りやすい歩数を探す。

3. 第4～6時間目：4歩リズム走

（1）学習のねらい

①快調・急行ペースで走る際の自分が最も走りやすいストライドを見つける。
②そのストライド4歩分のコースで、線を踏みながら安定したリズムで走ることができる。
③同じコースでピッチを上げてスピードアップすることができる。
④同じコースで、線の上にミニハードルを置いて、ハードルを踏み越しながら走ることができる。

（2）学習の流れ

①前時の学習の結果を基に、自分の快調・急

行ペース走の最適ストライドを４倍した長さを算出し、それに最も近いコースを選んで４歩リズム走を行う。

【４歩リズム走とは】

「リズム走」とは、榊原義夫が、後述する出原泰明の「田植え」学習を評価しつつ、それが「謎の地点」の発見と解決に焦点化されているとして、学習の対象を 50m 走の全過程に広げようとした際に重要な教材としたものである。[※5]

ここでは、中間疾走の４歩分の長さ１セットとして「疾走リズムの喚起と合わせて…ピッチを落とさず歩幅を伸ばす」学習が提案されていた。走るリズムとスピードをコントロールする際には、４歩を１セットにして繰り返すことが有効であるように思われる（経験則ではあるが）

本稿では、この榊原の「リズム走」に学びながらも、次の図のようなコースで 10m 地点から線を踏みながら〈1・2・3・4〉と繰り返して走ることで、ストライドを固定したままで走るリズムを安定させ、ピッチを上げることでスピードアップめざすための学習を「４歩リズム走」と呼ぶことにする。

４歩リズム走

加速距離が短ければスタート位置を後ろにずらして、その分だけゴールの位置もずらす。

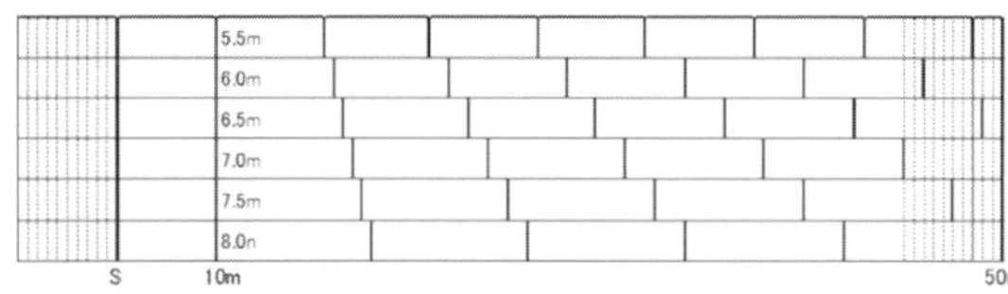

②自分の適正ストライドに合った走りやすいコースが見つかったら、次に、そのコースでピッチを上げて速く走る練習を行う。スピードが上がっていった時に、そのコースでは走りにくくなった場合には、その両隣のコースでも走ってみて、最も速く走れるコースを探していく。

③線の位置に高さ 10cm 程度の障害物（ミニハードルやペットボトルに色水を入れたものなど）を置いて、それを（跳ぶのでなく）踏み越すようにして４歩リズム走を練習する。

☆指導のポイント

４歩リズム走のねらいは、まず、ストライドを最適に固定しておいて、４歩を１セットにした走りのリズムを形成することにある。そして次に、そのストライドとリズムを維持しながらピッチを上げてスピードアップを図ることがねらいになる。

その際､リズムを安定させたり､テンポ（スピード）アップしたりする時に、何を手がかりにして行うとうまくいくか（1・2・3・4と数える、手拍子を打つ、口伴走を唱えるなど）を工夫させることが大切である。

また、線を踏んで４歩リズム走を行う時には、左右どちらの足で線を踏んで走ることもやらせておきたい。それは、次の段階で線がミニハードルや障害物に変わった時に、４歩のリズムのうちの強拍が踏み越し足（着地足）になっても踏切足になっても対応できるための下ごしらえである。

4.　第７・８時間回目：スタートダッシュ、全力走への挑戦、50m 走の「田植え」

（1）学習のねらい

①スタートからのすみやかな加速をするためには、どう走ったらよいかがわかり・できる。

②全力走を体験し一瞬でもできるようになる。

③全力で50m走を行って、そこでどんな現象が生じるかがわかる。

(2) 学習の流れ

①静止したスタートからの10m・20mダッシュによる加速のやり方を学習する。

②その際、10m・20mの区間に足跡が幾つ・どうついているか、玉入れの玉を置いて調べ、素早くダッシュするにはそれがどうなればよいかを考える。

③リボン走で全力を出して走る体験をする。

④ 50m走の「田植え」学習を行う。

50m走の「田植え」

① 10mごとのタイム②ストライド③足あと、をはかろう。

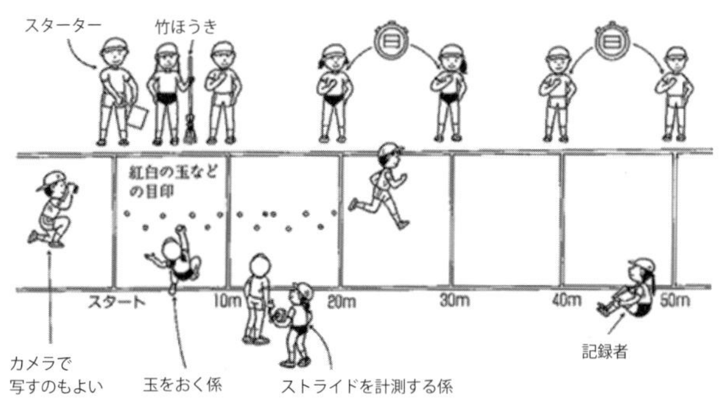

スピード曲線・ストライド曲線・足跡ライン

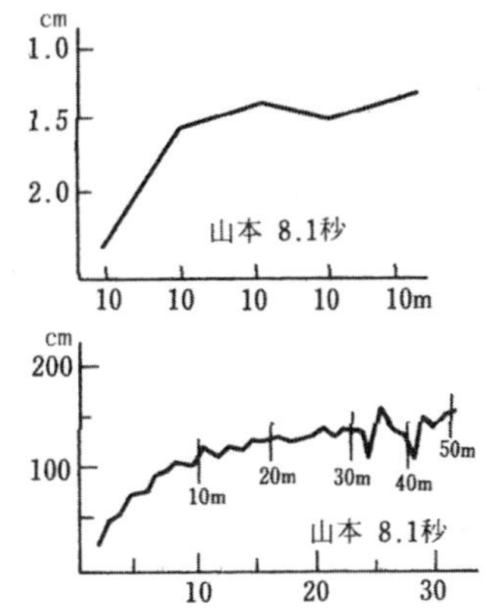

スピードが落ち込む区間で足跡が乱れている
↓

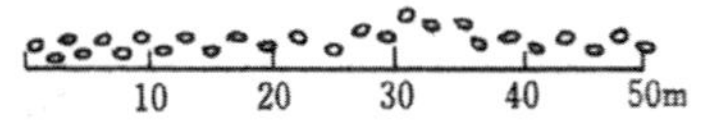

【「田植え」学習とは】

「田植え」学習とは、1978年に出原泰明が行った短距離走学習の教材である。[※6]具体的には走路を箒やコートブラシでよく掃き、

a) 50m走の10mごとのタイムを測定する

b) 50m走の1歩1歩の足跡の位置に目印（玉入れの玉など）を置いて、その間隔（＝ストライド）を測定する

c) そのデータを基に「スピード曲線」「ストライド曲線」「足跡ライン」を描く作業を行う。

☆指導のポイント

この学習では、多くの子どもに、スタートダッシュでトップスピードに達した直後に、スピードが低下し、ストライドが大きくなったり小さくなったりし、足跡が前後左右にぶれる「謎の地点」が発見されるのが望ましい。この現象は、一気に出力を最大にしたために制御がそれに追いつかないで、一時的に生じるノーコントロール状態である。ただしそれは、スタートダッシュや全力走の学習によって出力が最大にならないと生じないことを、指導者は理解しておこう。

5. 第9時間目：中間オリエンテーション

(1) 学習のねらい

①前時のデータを基に、自分（たち）の走りの実態と問題点を明らかにすることができる。

②それに基づいて、グループで、自分たちの問題を克服して速く走ることができるようになるための「走りの設計図」と練習計画を作成することができる。

(2) 学習の流れ

①前時のデータを基に、「スピード曲線」と

「ストライド曲線」を描く。「足跡ライン」は目で見た印象を大まかにデッサンする。
②それらをグループで交流・検討することを通じて、各人の走りの特徴と問題点、グループに共通した特徴と問題点を明らかにする。
③グループに共通した問題及び各人の問題を克服するための課題を明らかにし、各人が 50m を速く走れるための「走りの設計図」を描き出す。
④各人及びグループが問題を克服して「走りの設計図」通りに走れるようになるための練習方法を考える。

6.　第 10・11 時間目：練習計画に基づく 50m 走のグループ練習

（1）学習のねらい

グループで、自分たちの走りの問題を克服して 50m 走を速く走れるようになるための練習計画を実行し、その有効性を検証する。

（2）学習の流れ

①グループごとに、自分たちの計画に従って走りの問題を克服して 50m 走を速く走れるようになるための練習を行う。
②練習の結果を反省し、練習計画を練り直して、再度練習を行う。
③次時の 50m 走の計測に向けて、自分(たち)の「走りの設計図」を作成（修正）する。

7.　第 12 時間目：50m 走（post）の測定、学習のまとめと振り返り

（1）学習のねらい

これまでの学習の総決算として、50m 走（post）の計測を行い、その結果の分析を通して、自分や仲間の学習の成果と問題点、速く走れるようになるための課題がわかる。

（2）学習の流れ

①スタートからの 50m 走の計測を行う。
②その時の歩数やスピードの変化、走りの安

グループでもっと速く走れるための課題と練習方法を考え・実行しよう

特ちょう	原因と対策	子どもの発想による解決方法
足あとがと中で曲がっている。	・下を見て走っている。 ・走る時、頭がかたむいている。 ・うでふりが左右で違う。	・はば 50cm ぐらいのせまいコースを作って走ってみる。 ・前を見て、ゴール近くの一点に向かって走る。 ・首や体をまっすぐにして走る。
足あとが右足左足で二重線になる。	・こしが回転せず、がにまたのまま走っている。	・一本の直線上をふんで走る。 ・こしをひねりながら走る。 ・内またで走る。
スピードが落ちるところがある。 ストライドが急に乱れるところがある。	・走っている時のリズムが乱れる。 ・自分で自分をコントロールできずに、足がもつれたようになる。 ・グランドがでこぼこしている。	・スピードが落ちる地点で友だちに声をかけてもらう。 ・自分のベストストライドの長さに目印をつけ、その上を走る。 ・頭の中で調子（リズム）をとりながら走る。 ・自分のベストストライドの長さのひもを左右の足首に結ぶ。 ・音楽をかけながら走る。 ・うでふりで調子をとりながら走る。 ・98%の力で走る。
10m おきにスピードが上がったり下がったりする。	・うでふりがばらばらになっている。 ・左右に曲がって走っている。	・8 割走で正しいフォームを作る。 ・まっすぐ走る。 ・一定のリズムで走る。
ストライドが右足と左足で違う。	・うでふりが左右でちがう。	・うでふりを左右同じにする。 ・短いストライドの方の足を筋トレする。
ストライドが一定で、スピードの落ち込みもない。	現時点で理想的ではあるが、より速く走るためには、トップスピード自体をもう一段上げる必要がある。	・足を速く動かして走る（ピッチをあげる） ・大またで走る。（ストライドをのばす）

定や乱れなどをペアの子どもに見取ってアドバイスしてもらう。

③データとアドバイス、自分が走った時に身体で感じたことなどを基に、自分の学習の成果と問題点について振り返りを行う。

④リーダーを中心にグループ学習の振り返りを行う。

Ⅶ. 評価（ねらい達成のイメージ）

〈できる〉

①姿勢制御を含む、ピッチとストライドの支配によって、走（跳）のリズムとスピードのコントロールができる。

②それを、中間疾走、スタートダッシュ、スタートダッシュから中間疾走への切り替え（ギア・チェンジ）、ラストスパートなどの局面に応用して走ることができる。

〈わかる〉

①走りの結果の記録や経過のデータを手がかりに、自分（たち）の走りがどうなっているのかがわかる。

②仲間の走りの見取り・アドバイスと自分が走った時に身体で感じたこととを手がかりに、自分（たち）の走りがどうなっているのかがわかる。

③競走（競争）とは、ルールや条件を制限して初めて成立するものであり、これまで「これが陸上の競走だ」と思ってきた「常識」を覆して、様々な競走（競争）のやり方・楽しみ方があることがわかる。

〈学び合い〉

①役割分担して記録やデータをとったり、仲間の走りを見取ってアドバイスしたりすることができるようになる。

【注および引用・参考文献】

（1）学校体育研究同志会編『陸上競技の指導』ベースボールマガジン社、1972 年、p.18。

（2）久保健「陸上運動（競技）はおもしろい」『たのしい体育・スポーツ』2014 年７・８月合併号 p.8-13。

（3）久保健「陸上競技（陸上運動）の学習指導要領の今日的課題」『体育科教育』2015 年３月号、p.10-13。文部科学省『学習指導要領解説小学校体育科編』（2008 年改訂、2017 年改訂）。2017 年の学習指導要領改訂では、この傾向が少し改善されたが基本は変わらない。

（4）茨木則雄「【陸上運動】短距離走（リボン走）学習指導案」『たのしい体育・スポーツ』2015 年 10 月号、p.16-17。花田純香「リボン走で『スタートダッシュ』を考える」『たのしい体育・スポーツ』2017 年秋号、p.6-9。

（5）榊原義夫「走運動の教材化の視点」『たのしい体育・スポーツ』1987 年秋号、p.8-13。これまで、リズムという言葉を自明のもののように用いてきたが、よく考えてみると、「リズムとは何か」は、実はよくわかっていない。ここでは、運動のリズムを、「動きの経過（流れ）の中で、『空間的（長く―短く、高く―低く等）』・『時間的（速く―遅く、すばやく―ゆったりと等）』・『力＝力動的（強く―弱く、勢いよく―力を抜いて等）』な３つのアクセント付けが絡まり合った「分節」が（生き生きとした変化を伴いながら）繰り返されていくこと」と理解しておきたい。

（6）出原泰明「私の実践ノート　陸上―50m 走の学習から」学校体育研究同志会『運動文化』24 号、1980 年、p.24-27。「高校・短距離走の実践から考える」『体育科教育』1981 年８月号、p.46-49。

（7）学校体育研究同志会編『たのしい陸上運動ハンドブック』（『たのしい体育・スポーツ』合本）2019 年。

（8）久保健他編『走・跳・投の遊び／陸上運動の指導と学習カード』小学館、1997 年。

陸上運動
（ハードル）

Ⅰ．教材について

昔、人々は野山を駆けめぐり、小川や、放牧場の柵などの障害物を跳び越えて競争を楽しんでいた。19 世紀に入ると、このような行為をスポーツとして競技化して取り入れられたものがハードルの起こりだと考えられている。

ハードルとは、元々は空き地などを囲っていた板や果物などを運ぶかごのことを意味し、それが時代とともに、また競技の形が整えられるにつれて様々な変化をとげてきた。地面に埋め込まれた牧場の柵から、足元が三角形をした丈夫そうなもの、横木が回転式のもの、可倒式のもの、そして現在の形に至る。

ハードルの跳び方（技術）の変化に目を向けると、初期の頃はハードルのかなり上をこわごわ跳んでおり、フォームもバラバラだった。その後、前足をまっすぐ振り上げ、抜き足を外側から前へ振り出しながらまたぎ越すようになってきた。スピードアップのためにハードリングの技術が生まれて来たのである。このような歴史的背景から、ハードリングの技術獲得が、スピードアップにつながることを学習で学ばせることが大切であると考える。

一方、子どもにとってのハードルのおもしろさは、何と言ってもリズミカルにハードルを跳び越していく心地よさにある。ハードリングの技術を獲得できるにつれ、50m 走のタイムに近づけることができる。つまりハードル走は、

個人の足の速さ＋ハードリングの技術

と表すことができる。ハードリングを跳び越すことが上手になってくると、フラット走のタイムに近づくことができ、技術獲得の成果が記録という数値で表される所に、ハードルのおもしろさ備わっている。

その反面、ハードル走は、スピードアップして走ることと、ジャンプして障害を跳びこすという２つの動作を行わなければならないため、ハードルが足に引っかかって転倒したり、ハードルにぶつけてしまったりするという恐怖心が常に備わっている。いきなりハードルを跳ばせるのではなく、箱を用いたり、ハードルの高さを低くしたりする工夫が必要である。

以上、ハードリングの技術を学ぶことを中心に据え、安全に安心してハードルを跳び、その心地よさを感じることのできる授業を展開させて行きたい。

Ⅱ．ねらい

〈できる〉
- ハードリングの技術を使い、インターバルを一定のリズムで走ることができる。

〈わかる〉
- 自己の力に合ったインターバルがわかる。
- 4 歩のリズムがわかる。

・ハードルの踏み切り方がわかる。
・ハードルを跳びこすときの体の使い方がわかる。

〈学び合う〉
・ペアやグループの友だちと協力して、計時やハードリングの観察、比較ができる。

Ⅲ．学習の進め方

1.　フラット走・箱跳び走

リズミカルにハードルを越して走るためには、まず４歩のリズム「トーン・123」を刻んで走ることが必要である。しかし、いきなり高さのあるハードル走でそれを行うことは困難なので、まず、50m フラット走や箱跳び走を通して、４歩のリズムをつかませて走る（踏み切った後に同じ足を出して箱を越す）。初めはハードルを倒して高さの低いコースで走ったり、箱を跳んで走ったりする。

箱跳び走では、同じ高さの段ボールを１コースにつき５個用意する。段ボールをそのまま立てると風で飛ぶので、砂袋など重りになるものを箱の内側に置くことが必要である。ハードルでは引っかかるという恐怖心があるが、箱を用いるとそれを軽減するのに有効である（同じ大きさの箱が用意できないときは、ハードルを倒して使うことも考えられる）。

４歩のリズムをつかんで走れるようになったら、次は自分の歩幅に合ったインターバルを見つける。5m から 50cm 刻みに、7m まで５つのコースを用意する（5m、5m50cm、6m、6m50cm、7m）。箱跳び走で、いろいろなコースを走って、自分の最適なインターバルを見つけていく。実際に全てのコースを走ってみて、近すぎてつまるのか、遠くてもう一歩が必要になるのかを確かめる。その中で、最適なインターバルを見つけさせる。

４歩のリズムを覚え、インターバルを見つけられるようになるまでは、箱跳び走で行う。この段階では、それぞれの箱をジャンプするような走りでも構わない。４歩のリズムを刻み、スピードを落とさずに十分に走れるようになれば、ハードルに移行する。

2.　ハードル走

まず、ハードルでのタイムを取る。箱とび走からハードルに変わった途端、タイムが落ちてしまう。高さが加わるために、より高くジャンプしようとすることや、インターバルが合わなくなったりするので、タイムが落ちるのである。これをどう克服していくのかが次の課題となる。

子どもたちに目標を持たせるために、目標タイムの設定を行う。１台のハードルを跳び越すのに約 0.3 秒かかることから、目標タイムを次のように設定する。

50m 走の記録＋ 0.3 ×ハードルの台数

ハードルで実際に走ってみて、目標タイムとの差に着目させるとともに、このタイムを短縮すること、上回ることを目標とさせる。

ハードルでの課題克服の手立てとして、次の２点が重要となってくる。①ハードルを遠くで踏み切り近くに着地すること、そのために振り上げ足を真っ直ぐ伸ばすこと。②そうすることによって、体のバランスが乱れ、体が後傾になるので、前傾姿勢を作るための「かきこみ動作」が必要になること、などのハードリングの技術について学習を深めて行く。

振り上げ足を真っ直ぐ伸ばすことを意識す

ると、どうしても腰が後ろに引けてしまう「後傾姿勢」になりやすい。この後傾姿勢を防ぐために、振り上げ足をまっすぐ上げた際に、上体を前に倒すことで、腰の位置を前に出し、重心を前に移動させる「かきこみ動作」が必要である。具体的には、「右足を左手でさわりに行くような感じで（または、左足を右手でさわるような感じで）跳び越えるように」とアドバイスする。

しかし、小学生段階での子どものつまずきは、振り上げ足を真っ直ぐ伸ばすという課題が大きいため、①を学習の中心とし、②の「かきこみ動作」は、それができた子どもが行うという、補助的な位置づけとしたい。

Ⅳ．学習の全体計画（全 14 時間）

次	時	ねらいなど	学習内容
1	1 2	**50m フラット走** 学習前の記録を取る ・４歩のリズムで走るとリズムよく走れることがわかる。	・目標タイムを設定するために学習前の 50m フラット走のタイムをとる。 ・４歩、５歩、６歩のどの歩幅で走るのが良いのかを調べる。 ・倒したハードルを「トーン・１２３」と４歩のリズムで走る。
2	3 4 5	**箱跳び走**（ダンボールを跳ぶ） ・自分に合った最適インターバルを見つける。	・5 m、5.5m、6 m、6.5m、7 m という５つのコースを用意して走る。 ・箱跳び走の計時。
3	6	**ハードル走** 目標タイムの設定とハードル走	ハードル走の計時と目標タイムの設定。
4	7 8 9 10	ハードリングの技術がわかる。 ・４歩のリズム ・ハードルの踏み切り方 ・振り上げ足の伸ばし ・（かき込み動作）	 ・同じリズムで走る。 ・遠くから踏み切り、近くに着地する。（低いハードリング） ・振り上げ足を真っ直ぐに伸ばす。 ・体のバランスの崩れを修正するためのかき込み動作
5	11 12	総合練習 ・自分のハードリングの課題を見つけ、記録会に向けた練習を行う。	①４歩のインターバル ②低いハードリング ③真っ直ぐな振り上げ足（ひざが曲がっていないかどうか） ①～③が出来ているかどうかペアで観察する。 ・個々の課題を明らかにして走る。
6	13 14	ハードル記録会 まとめ＜教室＞	プログラムを作り、記録会を開く。 記録会の結果を整理し学習成果を交流し合う。

Ⅴ．授業プラン

1.　4歩のリズムをつかむ

(1) ねらい

・50m走のタイムを計り学習前の走力を知る。

・ハードルをリズミカルに走り抜けるためには、ハードル間を4歩で走るとよいことがわかる。

(2) 授業の流れ

① 50m走（ハードルなし）

50mのタイムを取る。目標タイム設定のために学習前の記録を取る。学習は主にペアで行い、一方が走るときにペアが計時や観察を行うようにする。

②倒したハードル走

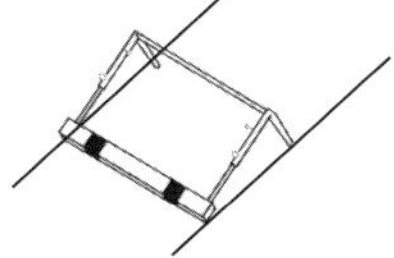

倒したハードル（ハードルの横木を倒して置く）を50mのコースに5台置き、5m、6mのコースで走る。

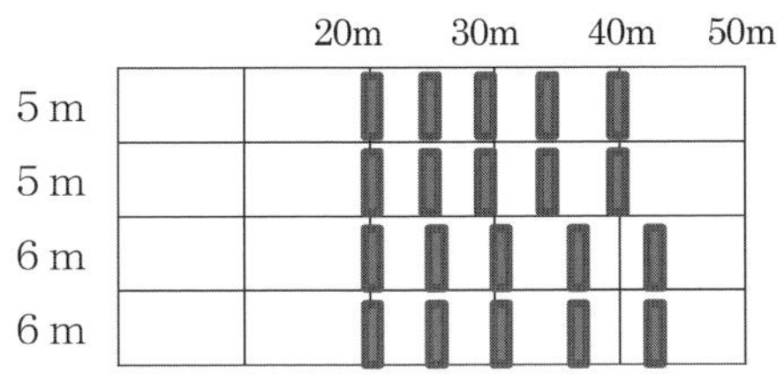

課題提示：ハードルとハードルの間を4歩、5歩、6歩のどの歩数で走ったら走りやすいか？

・5歩…踏み切り足が左右交互になり、足を出すことが難しい。

・6歩…ハードル間を走る時の歩幅が小さくなってしまう。

・4歩…4歩のリズムで走ると、走りやすい。連続して走るとリズミカルに走ることができる。

よって、5台のハードルを走り抜けるためには、ハードル間を4歩で走るとよいことがわかる。

③ 4歩のリズムで走る

倒したハードルを「トーン・123」のリズムを心の中で唱えながら走り、連続して4歩のリズムで走ることに慣れる。

2.　最適インターバルの発見

(1) ねらい

・4歩のリズムで走れる自分に合ったインターバルを見つける。

(2) 授業の流れ

①箱とび走

課題提示：ハードル間を4歩のリズムで走り抜けるために、自分に合ったインターバルを見つけよう。

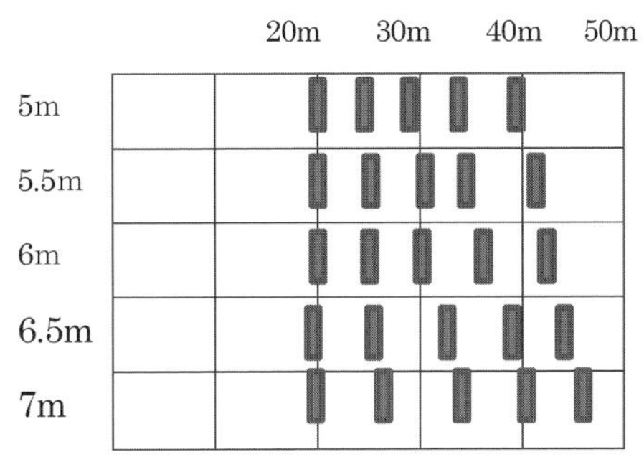

ハードルをとびこして引っかかる恐怖心を取り除くために、ハードルの代わりに箱を用いる（約50cmの段ボール箱が良い）。

50mに5個の箱を置いて、「トーン・123」という4歩のリズムがちょうど合う自分のインターバルを見つけるための学習である。

　このリズムを保つためには、いつも同じ足で踏み切らないといけない。5m、5.5m、6m、6.5m、7mの５コースで行い、最適インターバルを見つける。「近すぎてつまる」「遠くてもう一歩が必要になる」など、跳んだ後に確かめさせ、いろいろなコースに挑戦することによって、自分の最適インターバルを見つけていく。

　多くの子どもは5m～6mを選ぶので、子どもの選んだコースによって、同じインターバルのコースを２コース用意することも必要になる。

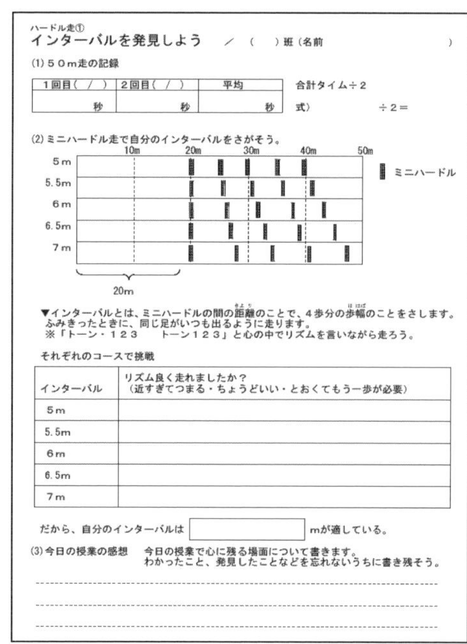

ハードル走①

インターバルを発見しよう　／　（　）班（名前　　　　）

(1) ５０m走の記録

１回目（　／　）	２回目（　／　）	平均
秒	秒	秒

合計タイム÷２

式）　　　　÷２＝

(2) ミニハードル走で自分のインターバルをさがそう。

▼インターバルとは、ミニハードルの間の距離のことで、４歩分の歩幅のことをさします。
ふみきったときに、同じ足がいつも出るように走ります。
※「トーン・１２３　トーン１２３」と心の中でリズムを言いながら走ろう。

それぞれのコースで挑戦

インターバル	リズム良く走れましたか？（近すぎてつまる・ちょうどいい・とおくてもう一歩が必要）
5m	
5.5m	
6m	
6.5m	
7m	

だから、自分のインターバルは［　　　］mが適している。

(3) 今日の授業の感想　今日の授業で心に残る場面について書きます。
わかったこと、発見したことなどを忘れないうちに書き残そう。

②箱とび走の計時

　自分の最適インターバルを見つけられたら、最適コースで走ってみてタイムを取る。インターバルのリズムが乱れない走りを完成させる。

3.　ハードル走と目標タイムの設定

(1) ねらい

- ハードルで走ってタイムを取り、箱とび走と比べて、タイムが落ちていることに気づく。
- タイムの落ちた原因を考えることができる。

(2) 授業の流れ

〈ハードルでの計時〉

　ハードル走（高さ50cm）のタイムを取り、箱とび走と比べてタイムが落ちていることに気づかせる。そして、この原因を考えさせる。

- 箱とび走と比べて、ハードルの高さが高くなっている。
- ハードルを高くジャンプしている。
- インターバルが短くなって、４歩のリズムで跳べていなかった。
- こわくて遅くなってしまった。

などの意見が出される。これらを克服するために「どのようにハードルを越していったら良いのか」という課題について学習を進めて行くことを確認する。

〈目標タイムの設定〉

　初めに取った50m走のタイムを元に下の式で、目標タイムを設定する。１台につき0.3～0.35秒タイムが落ちることから、

目標タイム＝50m走の記録＋0.3×5台

とする。ハードル走の記録を、目標タイムを比べそのタイム差に着目させる。目標タイムをこえる走りをするということを意識させる。

4. ハードリングの技術について調べる。

（1）ねらい

・「振り上げ足をまっすぐ伸ばすこと」が必要であることがわかり、それらのハードリングの技術を使うとタイムが伸びることに気づかせる。

（2）授業の流れ

①ハードルの跳びこし方について考える。

課題提示：ハードルをどのように跳びこすとタイムが短縮できるだろう？

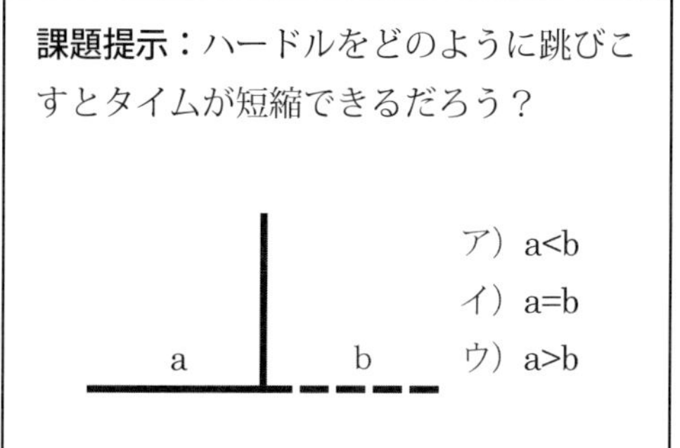

〈子どもの予想〉

ア）の理由（近くで踏み切り、遠くに着地）

ウ）のように遠くから踏み切ると、足がひっかかってしまうから。

イ）の理由（踏み切りと着地は同じ距離）

距離が同じだと、「トーン・123」のリズムがくずれないし、踏み切る位置が安定しているから。

ウ）の理由（遠くで踏み切り、近くに着地）

足をのばして少しでも前に行こうとしているので、勢いがつくから。

子どもの多くは（ア）か（イ）を予想し、（ウ）は少ない。

②オリンピック選手のハードリングは？

オリンピックなどの110mハードル決勝の様子を視聴させ、ハードリングの技術に着目させる。映像では、ハードルを次から次へたおしていく選手もいるが、ハードルすれすれに跳んでいる選手の姿に子どもは驚く。ハードルの前後の距離はどうなっているのか、踏み切りと着地の距離に注目させる。すると、

・ 全員４歩のリズムで走っている。
・ 遠くからとんで近くに着地している
・ 前かがみの姿勢をとっている。

を映像から発見する。正解はウの「遠くから踏み切り、近くに着地すること」であることがわかる。

③学級で速く走れている子どものハードリングについて調べる。

実際に速く走れている子どもに走ってもらい、跳びこした前後の距離を計って、ａｂどちらが長いのかを調べる。３台目のハードルの踏み切り地点と、着地点に玉入れの玉をおいて、ハードルからの距離を測る。その結果、速く走ることのできる子どもはａの方が長いことがわかる。

また、速く走れている子どもの走り方を横から観察する。速く走れている子どもは、高くジャンプするのではなく、ハードルを低くとび越していることがわかり、「振り上げ足」を伸ばしていることに気づかせる。

高くジャンプしている場合は、ひざが曲がり、低くジャンプしている場合は足が伸びている。この違いを子ども同士の観察から見つけさせたい。

④自分のハードリングは？

自分のハードリングはどうなっているのか調べる。やり方は、③と同じで、ハードル３台目の跳びこし前後の距離を記録する。また、振り上げ足が伸びているか（ひざが曲がっていないかどうか）をペアで観察させ合う。

⑤「かき込み動作」の学習

振り上げ足をまっすぐ伸ばすことを意識すると、どうしても腰が後ろに引けてしまう「後傾姿勢」になりやすい。進行方向への軸がずれるのを防ぐために、「前傾姿勢」を作り出す必要がある。それを修正するために、振り上げた足を素早く下ろすとともに、上体を前に倒すことで、腰の位置を前に出し、重心を前に移動させる「かき込み動作」を行う。ハードルを越えた後の１歩目を速く着くことで２歩目の反対の足が速く前に出ることによってタイムも短縮されるのである。

具体的な指導言では、「右足を左手でさわるような感じで（左足を右手でさわるような感じで）」とアドバイスする。

しかし、小学生の段階では、振り上げ足をまっすぐ伸ばすという課題を克服することが中心（ひざを曲げてジャンプしないこと）となるので、「かき込み動作」の指導は、真っ直ぐに足を伸ばせた子どもに対する指導として、補助的に扱っても良いと考える。

5.　総合練習

（1）ねらい

・練習してきたハードリングの技術を生かし、個人記録に挑戦する。

（2）授業の流れ

・４歩のリズムで走れているか。
・低いハードリング（ジャンプしない）。
・振り上げ足は真っ直ぐか（ひざは曲がっていないか）。

の３つの視点でペアで観察する。

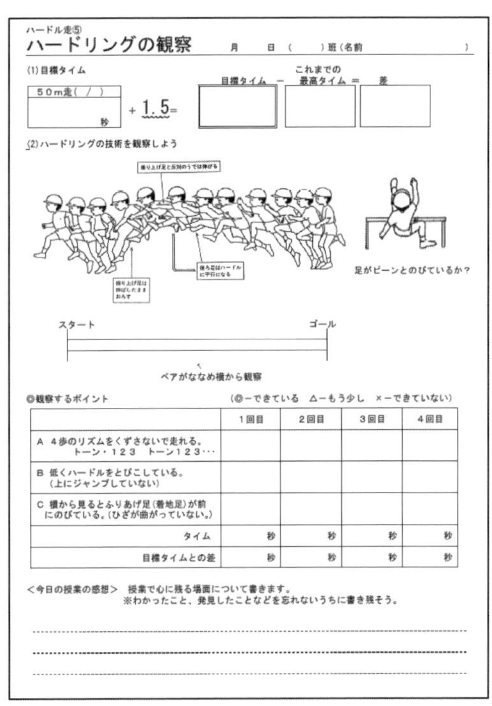

ハードル走⑤

ハードリングの観察　　月　　日（　　）班（名前　　　　　　　）

(1) 目標タイム

50m走（　/　）　　秒　＋ 1.5 ＝ 目標タイム － これまでの最高タイム ＝ 差

(2) ハードリングの技術を観察しよう

◎観察するポイント　　（◎－できている　△－もう少し　×－できていない）

	1回目	2回目	3回目	4回目
A　4歩のリズムをくずさないで走れる。トーン・１２３　トーン１２３…				
B　低くハードルをとびこしている。（上にジャンプしていない）				
C　横から見るとふりあげ足（着地足）が前にのびている。（ひざが曲がっていない。）				
タイム	秒	秒	秒	秒
目標タイムとの差	秒	秒	秒	秒

＜今日の授業の感想＞　授業で心に残る場面について書きます。
※わかったこと、発見したことなどを忘れないうちに書き残そう。

ペア同士で、「4歩のリズム」「低いハードリング」「振り上げ足伸ばし」について観察する。ハードルの斜め横から観察し、走った後に必ず目標タイムとの差を知らせると共に、走りについて「できていたこと」「課題となること」などのアドバイスを行うようにする。

また、ハードリングに乱れの出てくる子どもに対しては、インターバルを50cm縮めたコースで走ることも必要になる場合がある。

6. 記録会とまとめ

（1）ねらい

・練習してきたハードリングの技術を生かし、個人記録に挑戦する。

（2）授業の流れ

①記録会

記録会の進め方について、教室で前もって説明しておく。記録会当日は、プログラムに沿って進める。また、最後の走る様子をビデオ撮りする（時間に余裕があれば、50mフラット走のタイムも計ってみたい）。

②まとめ〈教室〉

教室で記録会での記録をまとめ、グループごとに「上手になったところ」を話し合い、発表する。目標タイムや初めて取ったハードルの記録と比べ、上手になったことを確かめ合う。

☆記録会の感想から

・最初に比べたら、50m走のタイムもハードル走のタイムもあがっていました。ハードルは最初、足のリズムも合わせるだけで精一杯だったのに、今は足のリズムを考えることもなく、タイムをあげる事に集中できました。友だちの走りを見ていると、ハードルをとぶときに前の足がスッと出ていました。
・私の走ったビデオを見ると、高くとんでいて、実際に走るときに、低くとぼうと思っていても高くとんでいました。
・ハードルは、初めより、かなりタイムがのびてうれしかったです。でも、目標タイムをこせなくて残念でした。ビデオを見ると、まあまあ足はのばせていたけど、高くとびすぎていました。

VI. 評価

〈できる〉

・ハードリングの技術を使い、リズミカルにハードルを跳びこし走ることができる。

※ハードリングの技術の獲得がタイム短縮につながるため、目標タイムの達成率を算出し評価する。その他、

・フラット走とのタイム差
・初めて取った時と、最後のハードル走とのタイム差などの評価基準もある。

〈わかる〉

・ハードリングの技術（4歩のリズム、低いハードリング、振り上げ足）がわかる。

〈学び合う〉

・視点を持ってペアでの観察ができる。
・グループで役割分担行い、計時、観察ができる。
・記録会の進め方がわかり、記録会プログラムを構想することができる。
・プログラムに沿って記録会を自主的に運営することができる。

水泳
（近代泳法への道）

Ⅰ．教材について

水泳の指導は、一般的にはバタ足・面かぶりクロールから行われていることが多い。しかし、この指導系統では腕や足の指導を行った後に息つぎを練習することになり、多くの子どもが息つぎでつまずいてしまっている実態が多く見られる。そこで､体育同志会では、まず初めに息つぎを教えることでより楽にリラックスした泳ぎ（ドル平泳法）を基礎泳法として位置づけ、指導系統を確立し指導を行ってきている。

高学年ではドル平泳法で豊かにした水の中での息つぎや身体操作を土台にして近代泳法を学んでいく。クロール､平泳ぎ､バタフライ、背泳ぎの４泳法である。４泳法の技術的構造から考えて、バタフライ→クロール→平泳ぎ→背泳ぎの順で学習することが望ましいと考えている。近代泳法といっても競泳として速さを追求するために指導するのではなく、ゆったりしたリズムで楽に長い距離を泳ぐ事を目標にしている。これは水泳という文化を競泳だけではなく、もっと大きな広がりのある文化として捉えているからである。

水泳学習については、各学校や地域で１シーズンにかけられる時間数や扱う教材が違う。本稿では、４泳法の内の３泳法を学習できるようなプランを提案する。

子どもたちがこれから豊かな水泳の文化を享受するためには、自分の体を思い通りに水の中で動かすことができる能力が必要である。そして水泳を競泳だけにとどめない文化としての水泳と捉え指導していく必要がある。

Ⅱ．ねらい

1.　５年生

〈できる〉

- ローリングのあるリラックスしたクロールが泳げる（25m ～ 50m 程度）。
- かえる足でリラックスした平泳ぎができる（25m ～ 50m 程度）。

〈わかる〉

- クロールのローリングの仕組みについてわかる。
- クロールの習熟練習の仕方がわかる。
- 平泳ぎのかえる足の仕方がわかる。
- 平泳ぎの習熟練習の仕方がわかる。

〈学び合い〉

- ４人程度のグループでつまずきのポイントを見つけ、アドバイスをしながら練習をすることができる。
- クロールのローリング練習時、平泳ぎのかえる足練習時の補助などができる。

2.　６年生

〈できる〉

- うねりのあるリラックスしたバタフライが泳げる（25m 程度）。
- クロール、平泳ぎでゆったり長い距離を泳ぐことができる。

〈わかる〉

・うねりの作り出し方がわかる（あごの出し入れとキックのタイミングやコンビネーションの仕方について）。
・バタフライの習熟練習の仕方がわかる。
・ゆったりしたリズムで泳ぐと楽に長い距離が泳げることがわかる。

〈学び合い〉

・リーダーを中心に４人程度のグループで練習計画を立てて練習し、総括が出来る。
・友だちのつまずきのポイントがわかり、適切なアドバイスをしながら練習をすることができる。

Ⅲ．学習の進め方

1.　グループ作り

４人程度のグループを作る。人数が多くなれば意見をまとめたり、練習の計画を立てたりすることが難しくなってくる。グループ学習は、初期の段階では２人ペアでお互いに見合って教え合う事も難しいが、経験してくると１人の泳ぎを複数人で見ることが可能になってくる。

グループは、泳ぎの得意な子どもと苦手な子どもが混ざっている異質グループが望ましい。もちろん、リーダー的な存在の子どもがかたまったり、協同的な活動が苦手な子どもがかたまったりするようなグループをつくらない配慮も必要となってくる。

決め方についてはグループ学習初期の段階では教師が決める場合もある。経験を積んでいく中で子どもたちと話し合って決めていく事も大切にしたい活動である。どちらにしてもなぜこのグループにするのかを子どもたちとともに合意していくことが重要である。

グループ学習を進めていくにはリーダーの存在が大きい。リーダーをグループで決めるときに、１人では負担が大きいと感じる場合は、サブリーダーも決めるなどの配慮も必要になってくる。

2.　グループ学習の仕方

グループ学習初期の段階では、教師の示すポイントにそって教え合う活動になることもあるが、できるだけ自分たちで「泳ぎのポイントを見つけ出す」活動を位置づけていきたい。

特に高学年やグループ学習の経験が多い子どもたちには「わかる」ための活動が重要になってくる。教師が与えたポイントを教え合うのと自分たちで見つけたポイントを教え合うのでは、技術に対する認識、友だちや自分の泳ぎに対する見方が全く変わってくるからである。

学習の前半には、泳ぎのポイントを見つけ出す時間（わかる時間）、そして後半ではその見つけたポイントに沿って習熟練習を進めていく時間（できる時間）としていく。前半のわかる時間については、教師の発問による実験などを行いポイントを理解し、後半のできる時間については習熟できるための練習方法のスモールステップを用意して、子どもたち同士でアドバイスできるような仕組みが必要となる。

習熟練習が終わったあとは総括が必要である。個人の感想、グループとしてのまとめ、苦手な○○さんへのアドバイス、グループとしての練習が上手くいっているのかどうか、など自分たちの練習や活動を振り返ることが次の活動につながっていくのである。

3.　学習の場

グループ学習がスムーズに行えるようにはどこで練習するのかを決める事も重要である。できることならコースロープなどで区切ったなかで活動する事がのぞましいが、プールの条件として難しい場合が多いので、少なくともどこで話し合って、どこでどのように実験をして、どこでどのように泳ぐのかを明確にしていくことが大切である。

水泳の授業は学年合同、もしくは２学年合同という学校も少なくない。多人数が活動するときには、効率的に練習できる場をつくることが必要になってくる。もちろん泳ぐ時には一方通行にする等の安全面への配慮も欠かすことができない。

基本のならび方

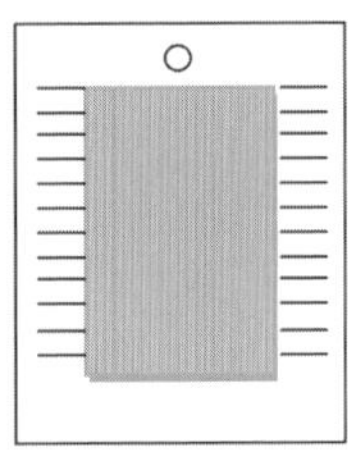

説明を聞くとき

・グループが横一列にならんで指導者の方（前）を向いてすわる。

横向きで泳ぐ時

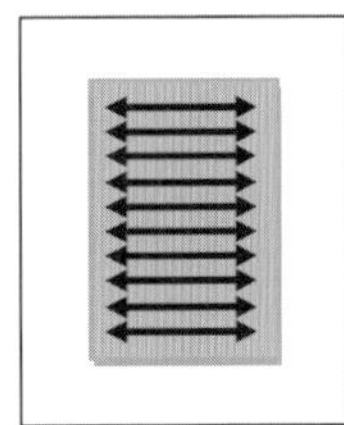

縦向きで泳ぐ時

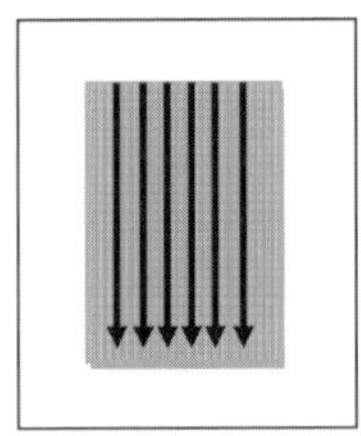

（一方通行）

泳ぐ子どもの前にペアの友だちが立って泳いだり、グループの友だちが周りで観察したりすることで、他の泳いでいる人とぶつからないように練習することができる。安全面に配慮するとともに、友だちのつまずきを観察することもでき、より有効な練習をすることができる。

4.　グループノートやリーダー会議

グループ学習がより活発になるのが「自分たちが練習によって上手になってきた」と実感する時である。教師は上手になってきたことやしっかり教え合っている姿を子どもたちに分かるようにしてあげることが重要である。

そのためにグループノートが必要になってくる。グループノートにはそれまでの学習でわかってきた泳ぎのポイントや自分たちのでき具合、そして個人の感想や技術認識についての記録が残ることになる。もちろん、これらを意識したノート作りを行う必要がある。この記録が残っていることが「自分たちグループのがんばってきた成果」を実感することになるのである。

そのグループ学習を引っぱっていくのがリーダーの存在である。リーダーとしての自覚を促したり、それぞれのグループの課題を確認したりする意味でも、できることならリーダー会議を行っていきたい。

Ⅳ．学習の全体計画

1．5年生

	時	ねらい	内容
第一次	1	（教室で行う） ○学習のめあてについて知る。 ○グループを決め、役割分担をし、グループノートの書き方を知る。	①4年までの水泳について思い出し、学習の目標を知る。 ②グループ（男女混合）を作り、リーダーなどを決める。 ③ノートの使い方や計画の立て方を知る。
第二次	2・3	○泳ぎの基礎的な技術について確認する。 ○リズムを変えたドル平からクロールの学習。 ・顔を横に向けて息つぎをする。 ・ローリングの方法がわかる。	①4年生の復習としてドル平泳法を泳ぐ。 ・泳ぎの基礎的なポイントを思い出し、楽に長く泳ぐ。 ②コロン泳ぎで、体を横に向けて、息つぎをする。 ③リズムを変えたドル平泳法を泳ぐ。 ④片手ドルクロを泳ぐ。 ・ドル平泳法で「パッ」の時、上半身は真横を向き、その後、体を元に戻す。かいた腕は、水面上を通る。
第三次	4・5	○片手ドルクロからクロールへの道。 ○クロールを泳げるようになるための習熟練習の仕方を知り、練習する。 ○自分のつまずきに気づき、次回の練習に生かす。	①前時の復習として片手ドルクロを泳ぐ。 ②ドルクロを泳ぐ。 ・はじめに息つぎをしない方の手をかいて、2回目のかきで息つぎをする。 ③②の泳ぎのキックをバタ足にし、クロールを泳ぐ。 ④できない人のつまずきを見つける。 ・息つぎの時、伸ばしている腕が下がっていないか。 ・バタ足は、力をぬいているか。
第四次	6・7	○クロールの習熟練習をする。 ○平泳ぎの学習。 ・平泳ぎの腕のかき方を知る。 ・キックの方法を知る。	①前時の泳ぎの反省を生かして、クロールの習熟練習をする。 ②ドル平泳法やワンキックドル平泳法を泳ぎ、泳ぎの基礎的なポイントを思い出し、楽に長く泳ぐ。 ②ワンキックドル平泳法で、腕のかきを大きくする。 ③あおり足にならないように、カエル足を練習する。 ・2人組で補助し合う。
第五次	8・9	○クロール、平泳ぎの習熟練習の計画を立て、練習する。 ・学習した技術ポイントをもとに互いの泳ぎを観察し、つまずきを見つけ教え合う。 ○練習を振り返り、次の時間の計画に生かす。	①できない人のつまずきを見つけ、教え合う。 ・平泳ぎのリズムになっているか。 ・カエル足になっているか。 ②あおり足の人には、足を持って補助する。
第六次	10・11	○クロールと平泳ぎの習熟練習。 ○発表会をする。	①前時までのつまずきを確かめて、習熟練習を行う。 ・クロールと平泳ぎを泳ぎ、練習の成果を発表する。
第七次	12	（教室で行う） ○まとめの感想を書く。	・クロールと平泳ぎについて分かった技術のポイントや自分や友だちのつまずきについて書く。

2.　6年生

	時	ねらい	内容
第一次	1	（教室で行う） ○学習のめあてについて知る。 ○グループを決め、役割分担をする。	①５年生までの水泳について思い出し、学習の目標を知る。 ②グループ（男女混合）を作り、リーダーなどを決める。 ③ノートの使い方や計画の立て方を知る。
第二次	2・3	○泳ぎの基礎的な技術について確認する。 ○クロール、平泳ぎを復習する。 ○リズムを変えたドル平を泳ぐ。	①ドル平泳法で楽に泳ぐためのポイントを思い出し、長く泳ぐ。 ②クロール、平泳ぎのポイントを思い出しながら、それぞれ 25m 泳ぐ。 ③リズムを変えたドル平を泳ぎ、バタフライへキックのタイミングをつかむ。
第三次	4・5	○バタフライの学習。 ・うねりの作り方がわかる。 ・バタフライの腕のかき方がわかる。	①リズムを変えたドル平泳法で、うねりの作り方を見つけ、うねりのあるドル平を泳ぐ。 ②イルカとびでうねりの感覚を養う。 ③うねりのあるドル平で、腕をかききって、水上を通って前へ戻し、バタフライを泳ぐ。
第四次	6・7	○バタフライの習熟練習の仕方を知って、練習をする。 ・学習した技術ポイントをもとに、互いの泳ぎを観察し、つまずきを見つけ、教え合う。 ・前時までに学んだことや、スモールステップ表を参考に、練習の順序や方法を工夫する。 ○自分のつまずきに気づき、次回の練習に生かす。	①できない人のつまずきを見つける。 ・バタフライのリズムになっているか。 ・うねりができているか、あごの動きに注目する。 ・かききった手のひらが上を向いて、肘を伸ばして前へ戻しているか。 ・更にうまくなるために、パッの後のあごを引き「フッ」の姿勢になることを強調する。 ②できない時は、１つ前のステップに戻って練習するなど、練習方法を工夫する。
第五次	8・9	○バタフライの習熟練習の仕方を知って、練習をする。 ○クロール、平泳ぎの習熟練習。	・バタフライ、クロール、平泳ぎでつまずいているところを中心に練習をする。
第六次	10・11	○各種目を 25m ずつ泳ぐ成果発表会を行う。	楽に 25m ずつ泳げるように、力の配分を考える。 ・力をぬいて泳ぐことが大切であることがわかる。 ・これまでの練習の成果を発表する。
第七次	12	（教室で行う） ○まとめの感想を書く。	・バタフライを中心に、クロール、平泳ぎについてわかった技術のポイントや自分や友だちのつまずきについて書く。

V．授業の流れ（5 年生）

1.　第 1 回目：オリエンテーション

（1）本時のねらい

- 学習の見通しをもち、めあてについて知る。
- グループを決め、役割分担して、グループノートの書き方など学習の仕方を確認する。

2.　第 2・3 回目：ドル平泳法、リズムを変えたドル平泳法

（1）本時のねらい

- 泳ぎの基礎的な技術について確認する。

・リズムを変えたドル平を泳ぎ、ローリングの仕方を知る。

（2）本時の流れ
①プールの使い方を決める。
・集合場所、グループの練習の場所等
②ドル平泳法で「楽に長く泳ぐ」ための技術ポイントを確認し、50 ～ 100m 泳ぐ。
「けってー、けってー、のびてー、パッ」
i 息つぎの時は、息をまとめて吐く。
ii パッの後は、首の力をぬいて、あごを引く。（がっくりとした姿勢）
iii 浮いてくるまで、腕を前に戻してじっと待つ。
iv 息つぎの時は、顔を上げてから、パッと同時に手で水を押さえる。
v 全身（特におなか）の力をぬく。

☆指導のポイント
うまく泳げない子に教える時には、一度に5つのポイントを指摘するのではなく、iから順に1つずつ意識させる。

③コロンドル平を泳ぐ。（ステップ表①）
「けってー、のびてー、パッ、ポチャン」
④リズムを変えたドル平泳法を泳ぐ。
「けってー、のびてー、けって、パッ」
⑤片手ドルクロを泳ぐ。（ステップ表③）
リズムは④と同じ。
・パッのとき、腕をかきながら体をローリングさせる。顔は真横を向いて息つぎをする。

3. 第4・5回目：片手ドルクロからクロールへの道。

（1）本時のねらい
・クロールへの発展のしかたを知る。
・ローリングを活かしてクロールを泳ぐための習熟練習をする。

（2）本時の流れ
①準備運動としてドル平泳法、リズムを変えたドル平、コロンドル平を泳ぐ。
②ドルクロを泳ぐ。（ステップ表④）
・片手ドルクロでもう一方の手もかく。
③クロールを泳ぐ。
・ドルクロのキックをバタ足にかえる。
・リズムは、「パタパタ、かいてー、パタパタ、パッ」

☆指導上のポイント
・息つぎをした時に、伸ばした方の腕が下に下がらないように、さらに肩を前に出し、腕を伸ばす。
・パタパタのときは、腕がそろって伏し浮き状態になる。腕のかきを練習し始めるとグルグルかくようになってしまう子がいるので、手をそろえて、ふし浮きにもどることを意識させる。

4. 第6・7回目：クロールの習熟、平泳ぎへの道

（1）本時のねらい
・クロールの習熟練習をする。
・前時までに学習した技術ポイントをもとに、互いの泳ぎを観察し、つまずきを見つけ教え合う。
・平泳ぎへの発展のしかたを知る。

（2）本時の流れ
①準備運動としてドル平泳法を泳ぐ。
②クロールの習熟練習をする。
・グループの一人ひとりの泳ぎを見て、練習

方法や、練習の順序を話し合い、グループ内でペアやトリオを組み練習する。

・グループみんなで練習の成果を確かめ、次の時間の練習内容や方法を考える。

スモールステップ表　クロールへの道

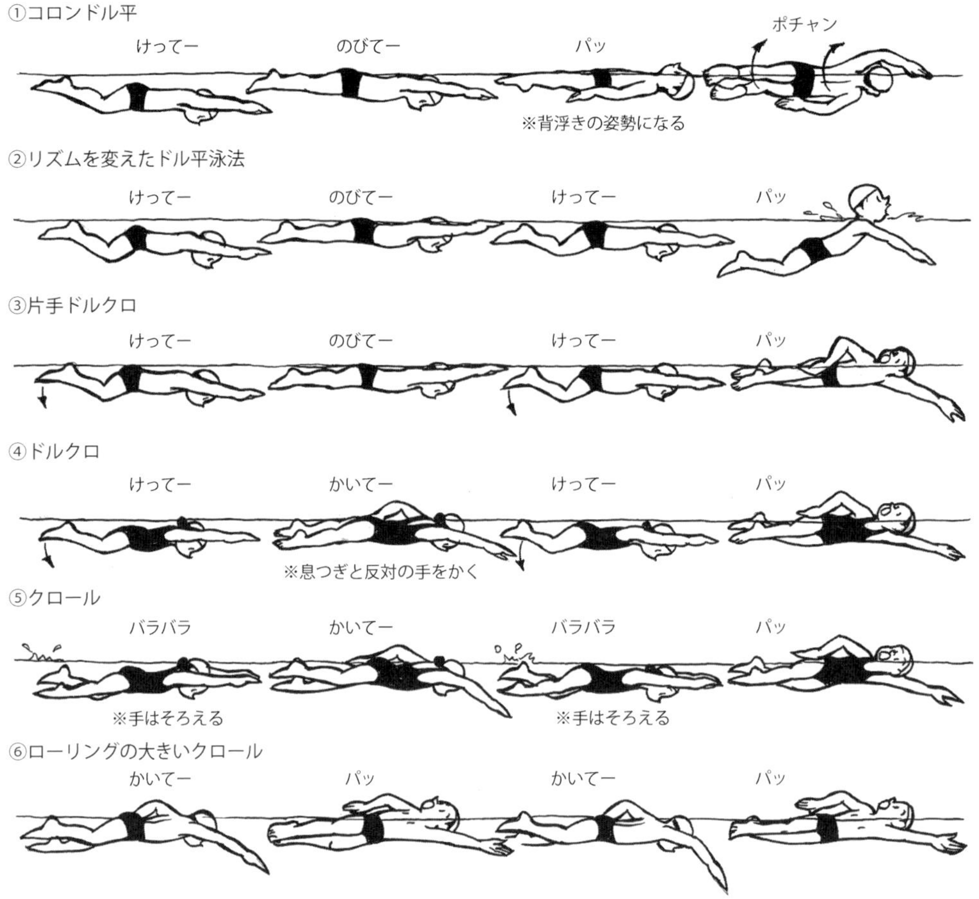

①コロンドル平

けってー　のびてー　パッ　ポチャン

※背浮きの姿勢になる

②リズムを変えたドル平泳法

けってー　のびてー　けってー　パッ

③片手ドルクロ

けってー　のびてー　けってー　パッ

④ドルクロ

けってー　かいてー　けってー　パッ

※息つぎと反対の手をかく

⑤クロール

バラバラ　かいてー　バラバラ　パッ

※手はそろえる　※手はそろえる

⑥ローリングの大きいクロール

かいてー　パッ　かいてー　パッ

クロールの見るポイント
・リズムに合わせて泳いでいるか。
・息つぎで顔を前に上げていないか。
・伸ばした腕が下にさがっていないか。
・リラックスできているか。

☆指導上のポイント

・手がさがったり、そろえる前にかきはじめたりする人に対しては「そろえて、かいてー、そろえて、パッ」などの声かけをすると意識できる。
・うまくなれば、手がそろう前にかき始める。ローリングの大きいクロール（ステップ表⑤）。

③平泳ぎへの道。

ワンキックドル平を泳ぐ。キックを１回にする。

「けってー、のびてー、のびてー、パッ」

④スーパードル平を泳ぐ。うでのかき方はむねを前を逆ハート型になるようにかく。リズムは③と同じ。

⑤④をカエル足にかえて平泳ぎで泳ぐ。

☆指導上のポイント

・カエル足については、バタ足やドルフィンキックと比較することで水をキャッチする場所を意識させることにより習熟が図られる（足の甲と裏のちがい）。

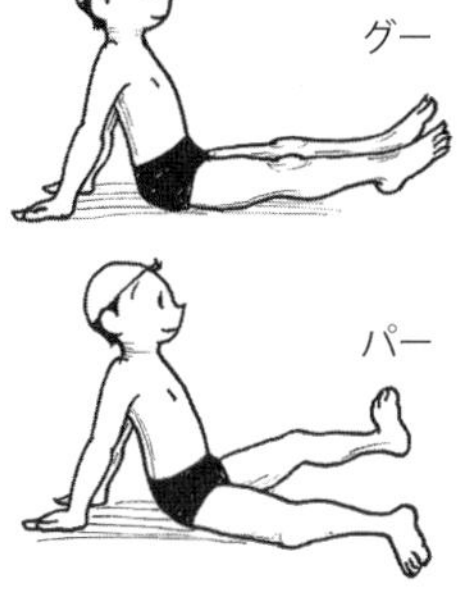

・陸上でキックの練習をするのも有効である。そのとき足首を固定して「かぎ足」にすることが大切である。

5.　第8・9回目：クロール、平泳ぎの習熟の計画を立て、練習する。

（1）本時のねらい

・クロールと平泳ぎの習熟練習をする。
・ステップ表を参考にグループで練習計画を立てて、めあてにあった練習を行う。

（2）本時の流れ

①グループごとにクロールと平泳ぎを泳ぎ、習熟練習を行う。

平泳ぎの見るポイント
・リズムに合わせて泳いでいるか。 ・かえる足になっているか。 ・「のびてー」で手が前でそろっているか。 ・リラックスできているか。

☆指導上のポイント

・グループ内をペアやトリオに分けて練習することで効率的に練習ができることを伝える。
・クロールでのつまずきで、かかない方の手が下へさがってしまうことがよくある。ペアの友だちがその手を前に引っぱることでローリングがスムーズになる。
・平泳ぎはカエル足の習熟がむずかしい。ペアで足をもってあげて「足の裏で水をキャッチする」ことを意識させるような補助が有効である。

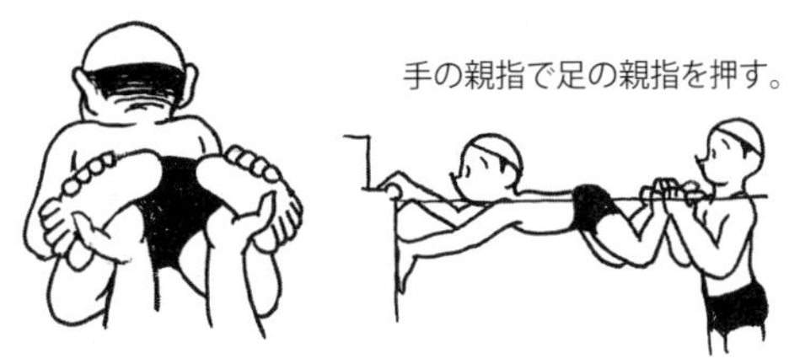

6.　第10・11回目：クロール、平泳ぎの習熟の練習する。

（1）本時のねらい

・クロールと平泳ぎの習熟練習をする。
・これまでの練習の成果を出す発表会を行う。

（2）本時の流れ

①グループごとに習熟練習をする。
②グループごとに泳ぎを披露していく。

7.　第12回目：まとめの感想

（1）本時のねらい

・クロールと平泳ぎで学んできたことを、自分や友だちのつまずきと合わせて、まとめの感想文に書く。

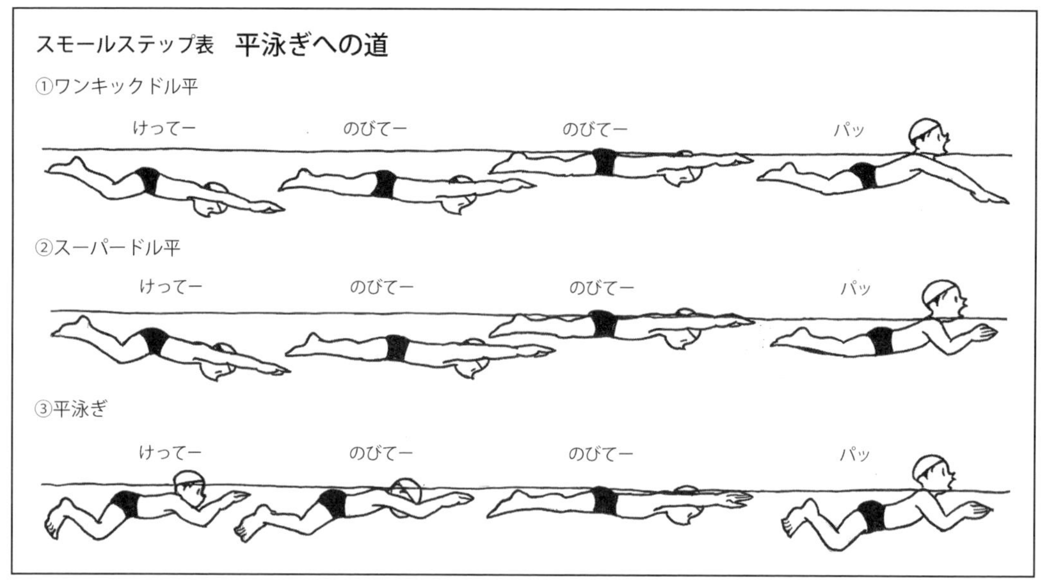

Ⅵ．授業の流れ（6 年生）

1.　第 1 回目：オリエンテーション

（1）本時のねらい

・学習の見通しをもち、めあてについて知る。

・グループを決め、役割分担して、グループノートの書き方など、学習の仕方を確認する。

2.　第 2・3 回目：ドル平泳法、クロール、平泳ぎの復習

（1）本時のねらい

・泳ぎの基礎的な技術について確認する。

・クロール、平泳ぎの復習をする。

・リズムを変えたドル平を泳ぐ。

（2）本時の流れ

①プールの使い方を決める。

・集合場所、グループの練習の場所等。

②ドル平泳法で「楽に長く泳ぐ」ための技術的ポイントを確認する。（5 年生と同じ）

③クロールを泳ぐ。

「パタパタ、かいてー、パタパタ、パッ」

④平泳ぎを泳ぐ。

「けってー、のびてー、のびてー、パッ」

⑤リズムを変えたドル平を泳ぐ。（ステップ表①）

・リズム「けってー、のびてー、のびてー、けって、パッ」

・２回目のキックのあとにすぐに顔を上げて息つぎ「パッ」をする。

3.　第 4・5 回目：バタフライへの道

（1）本時のねらい

・うねりの作り方がわかる。

・うでのかき方がわかる。

・バタフライへの発展のしかたを知る。

（2）本時の流れ

①準備運動として、ドル平泳法・リズムを変えたドル平泳法を泳ぐ。

②イルカとびをする。（ステップ表②）

・頭のてっぺんから潜り、あごと手首を上に

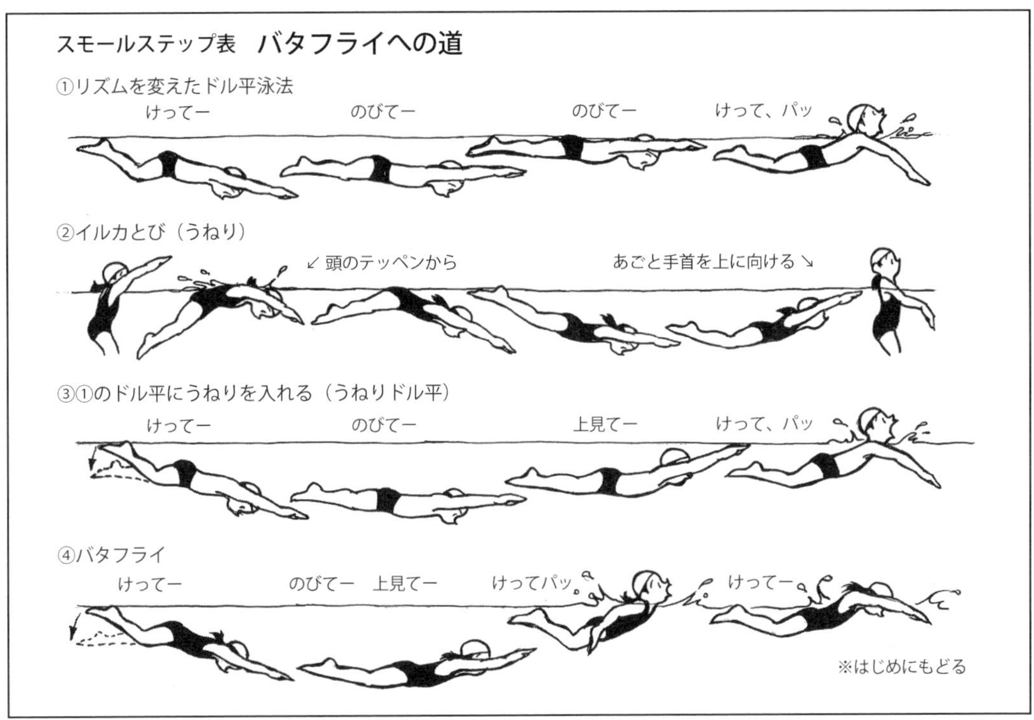

向ける。

③リズムを変えたドル平泳法の「のびてー」のところにうねりを入れる方法がわかり、「うねりドル平」を練習する（ステップ③）。

・パッの後すぐにあごを引き、頭のてっぺんから水の中に入り、ゆっくりあごを上げて水面上を見上げて浮き上がる。

・キックの後、腰を浮かすようにする。

・うねりドル平で、パッの時に手をハート形にかいて太ももまでかききり、前へもどす。

☆指導のポイント

・うねりで潜る時に、深く潜りすぎないよう斜め前方に潜り込む。

・水面上を戻す時、手のひらが上を向くようにする。

・肘を伸ばして腕を前にもってくる。

4.　第6・7回目：バタフライ

（1）本時のねらい

・バタフライの習熟練習をする。

（2）本時の流れ

①準備運動としてドル平泳法やうねりドル平を泳ぐ。

②バタフライの習熟練習をする。

・グループの一人ひとりの泳ぎを見て、練習方法や、練習の順序を話し合い、グループ内でペアやトリオを組む。

バタフライの見るポイント
・リズムに合わせて泳げたか。
・パッの後、あごをカクンと下げたか。
・水中でゆっくりあごを上げたか。
・腕が伸びて、水面上を戻っているか。
・リラックスできているか。

☆指導のポイント
・前時までに学習した技術ポイントを元に、互いの泳ぎを観察し、つまずきを見つけ合う。
・さらにうまくなるために、パッの後のあごを引く姿勢「フー」を強調する。

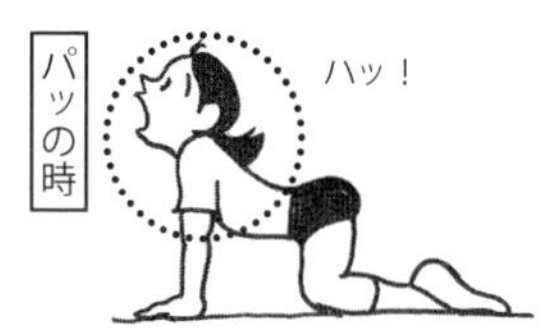

・パッの後に先に顔を水に入れて、後から腕が前に出てくるようなタイミングで泳ぐと楽に泳ぐことができる。

・前時までに学習した練習の順序や、スモールステップ表を参考に、その人にあった練習方法を考えて習熟練習を行う。

5.　第８・９回目：バタフライ・クロール・平泳ぎの習熟

（1）本時のねらい
・３泳法の習熟練習をする。

（2）本時の流れ
①準備運動として、うねりドル平を泳ぐ。
・ペアやトリオで練習をする。
・グループみんなで練習の成果を確かめ、次の時間の練習内容や方法を考える。

☆指導上のポイント
・ペアやトリオの組み方は、得意な子と苦手な子が組むとよいことに気づかせる。
・どこに気をつけて泳ぐか、意識焦点をはっきりさせて練習する。
・スモールステップの１つ前に戻って練習するとよい場合があることに気づかせる。

6.　第10・11回目：3泳法で25mずつ泳ぐ。

（1）本時のねらい
・バタフライ、クロール、平泳ぎの習熟練習をする。
・これまでに練習してきた成果を発表する。

（2）本時の流れ
①バタフライ、クロール、平泳ぎの習熟練習。
・これまでの練習の通り、つまずいているところを意識して練習する。
・ペアやトリオでアドバイスをしあって練習を進めていく。
②３種目を続けて泳ぐことで、よりリラックスした泳ぎが大切であることに気づかせる。
・とにかく力をぬき、楽に泳ぐようにさせる。
④他のグループは自分の泳ぎと比べながら観察する。

7.　第12回目：まとめの感想

・バタフライ、クロール、平泳ぎで学んできたことを、自分や友だちのつまずきと合わせて、まとめの感想文にかく。

Ⅶ.　評価（ねらい達成のイメージ）

1.　5年生

〈できる〉

・ローリングのあるリラックスしたクロールが泳げる（25m ～ 50m 程度）。
・カエル足でリラックスした平泳ぎができる（25m ～ 50m 程度）。
※横から息つぎができていて、ゆったりしたリズムで泳げている。
※カエル足については 6 年生での習熟と考え、うでのかきやリズムをゆっくり正してできている。

〈わかる〉
・クロールのローリングの仕組みについてわかる。
・クロールの習熟練習の仕方がわかる。
・平泳ぎのカエル足の仕方がわかる。
・平泳ぎの習熟練習の仕方がわかる。
※自分でつまずきが分かって習熟練習に取り組んでいる。

〈学び合い〉
・4 人程度のグループでつまずきのポイントを見つけ、アドバイスをしながら練習をすることができる。
・クロールのローリング練習時、平泳ぎのカエル足練習時の補助などができる。
※友だちの泳ぎをよく観察して、つまずきのポイントに気づくことができる。

2.　6 年生

〈できる〉
・うねりのあるリラックスしたバタフライが泳げる（25m 程度）。
・クロール、平泳ぎでゆったり長い距離を泳ぐことができる。
※うねりをつけてバタフライを泳ぐことができる。
※平泳ぎのカエル足を正確に行うことができる。

〈わかる〉
・うねりの作り出し方がわかる（あごの出し入れとキックのタイミングやコンビネーションの仕方について）。
・バタフライの習熟練習の仕方がわかる。
・ゆったりとしたリズムで泳ぐと、楽に長い距離を泳げることがわかる。
※うねりの作りだし方がわかり、うねりによってスムーズに進んでいくことがわかる。

〈学び合い〉
・リーダーを中心に 4 人程度のグループで練習計画を立てて、練習し、総括ができる。
・友だちのつまずきのポイントがわかり、適切なアドバイスをしながら練習をすることができる。
※友だちのつまずきから正しい練習方法を考えることができ、練習計画を立てることができる。

器械運動
（グループマット）

Ⅰ．教材について

1.　身体運動をコントロール（制御）し、表現を広げる力を

器械運動では、「身体をコントロールする力」を系統的、体系的に体得させていく授業をしていくことが大切である。自分の身体をコントロール（制御）できる力とは、「子どもたちが自分の意志によって、自分の身体をその場に応じて、時間・空間・力感をコントロールしながら、身体運動の表現（パフォーマンス）ができる力」である。さらに、その運動の過程で、「自分の身体と対話しながら表現を広げ、内にも外にも開かれた身体」をつくっていけるようにしたい。自らの身体を制御していく力を高めていくことは、①運動の「基礎・基本」を培い、運動技能・技術を獲得する②「身体と心を統一的にとらえた身を守る安全性の形成」を培う③さらに身体表現を拡大していくことに繋がると考えるからである。

2.　グループマットについて

マット運動のおもしろさは「マットによる空間表現」を拡大していくことにある。単一技ができるだけでなく、技を組み合わせて連続させ、マットや床上の時空間を構成、支配して創造していく。

グループマットでは、グループで演技し、集団表現を創り上げていく。グループマットと個人演技の連続技の大きな違いは、友だちとの距離感や気配などを感じながら、自分の空間を確保して､「合わせたり」「ずらしたり」するところである。これが、この教材の大きな魅力である。

このグループマットでは、方形マット（マットを正方形に敷き詰めたもの）を使用する。そのため、グループで面の使い方と演技の構成を話し合い練習していくため、高学年における主体的で深い学びが生まれていく。方形マットは、中学年での個人の連続技づくりと比べ「縦、横、斜め」といった構成（動き）の自由度が広がっていく。その際には、オリンピック競技の床運動などをイメージしながら､グループで構成を考えていくようにする。

また、本単元では子どもたちが身体運動のコントロールを既得学習（低・中学年）である程度体得しているものとし、「アイコンタクト」や「音」を頼りにグループでのシンクロ表現を追究していく。なお、子どもたちの実態に合わせて、手拍子や音楽を使って技のタイミングやスピードなどを合わせて行ってもよい。

※本単元は、中学年までに単一技の習得だけでなく、歌声マットや側転３連続、個人の連続技づくりの学習を行っているものとする。【本シリーズの低・中学年体育を参照】

II．ねらい

〈できる〉

・ロンダート（側転90度後ろひねり）やコントロールされた前転・後転ができる。

・技のタイミングやスピードを合わしたりずらしたりして、グループマットを創ることができる。

〈わかる〉

・技の技術ポイントがわかる。

・みんなで技術ポイントを共有し、よりよい演技の構成の仕方がわかる。

・みんなでよりよい演技に仕上げるためのグループ学習の方法がわかる。

〈学び合う〉

・グループ学習をもとに、主体的に授業に関わっていこうとする。

・グループマット発表会の企画と運営をする。

III．学習の全体計画

<table>
<tr><th></th><th></th><th>ねらい</th><th>学習内容</th></tr>
<tr><td>1次</td><td>1</td><td>○学習のめあてを知る。
○グループを決め、役割分担を決めることができる。
○単元の学習計画を立てることができる。
・技調べ　・床運動調べ</td><td>○方形マットを使い、グループマットを構成して発表会を行うことを知る。
○グループでリーダー他をきめる。
○実際にシンクログループマットを行い、課題点（技、構成）を話し合うことで、これからの学習計画を立てる。</td></tr>
<tr><td>2次</td><td>2・3・4</td><td>○これまで獲得した技を整理し、その発展技について知る。
○発展技の技術ポイントがわかり、できる。</td><td>○これまでに獲得している技をまとめる。
○発展技について調べる。
○グループで調べた発展技を交流し、その技術ポイント等について整理する。
○発展技の練習をする。</td></tr>
<tr><td rowspan="2">3次</td><td>5・6</td><td>○方形マットでの基本的な動き「縦、横、斜め」を合わせることができる。
○方形マットの基本的な動きやオリンピックの床運動などを参考にしながら、グループで構成を考えることができる。</td><td>○オリンピックなどの床運動の映像を見る。
○グループで、方形マットの基本的な動きを練習する。
○グループ内で、できる（できそうな）技を確認し、グループマットの構成を考える。</td></tr>
<tr><td>7・8</td><td>○グループで考えた構成をもとに、メンバーと動きをシンクロさせることができる。</td><td>○考えた構成をもとに、グループマットの練習をする。
○練習しながら、技のスピードや距離を考えたり、全体の構成の調整をしたりする。</td></tr>
<tr><td>4次</td><td>9・10</td><td colspan="2">○発表会の計画（企画・運営）を立て、自主的に取り組むことができる。
○発表会を自主的に運営し、みんなの力で成功させることができる。学習のまとめをすることができる。○学習を振り返り、まとめを発表し合う。</td></tr>
</table>

Ⅳ．授業の流れ

1.　1回目の授業

（1）本時のねらい

単元のめあてを理解し、グループ編成をする。学習計画を立てる。

（2）1回目の流れ（第1次）

オリエンテーションで単元の目標やゴールのイメージ、これからの学習のめあてを明確にすることで、主体的に学習を進めていけるようにする。

①単元の目標を確認する。

映像や図を提示し、グループマットを作成することを理解する。

②グループ作りをする。

男女混合で、得手不得手を混ぜてグループを設定する。さらに、リーダーを選ぶ（4人1組で兄弟班を設定する。グループ間での観察やアドバイスの学習を仕組むようにする）。

③学習計画を立てる。

グループで、下の例のような試しのグループマットを行い、気づいたことや課題などを話し合い、単元の学習の計画を立てる（本時の連続技は教師が提示する。例：側転⇒前転⇒Ｖ字バランスを4人全員が一定方向に行う）。

・どんな技を入れて構成しようかな。
　⇒獲得技調べ、発展技調べ
・構成について、見本になるものはないかな？
　⇒オリンピックなどの床運動調べ

※グループ内で技調べ（2時間目）と床運動調べ（別の時間）の2つの調べ学習を行う。ただし、授業時間の確保が難しい場合は、教師が床運動についての歴史や、実際の映像を5時間目に提示するようにする。本単元では、教師の提示とする。

2.　2回目の授業（第2次）

（1）本時のねらい

獲得技、発展技調べをし、それぞれの技の技術ポイントがわかる。

（2）本時の流れ

①獲得技調べをする。

これまでに学習している技を確認し、自己評価「◎…よくできる、○…できる、△…もう少し」を行う。

②発展技調べをする。

本やインターネットなどをもとに、発展技を調べる。

※教室にマット運動の技シリーズなどの本を置いておくとよい。

　前転　⇒　開脚前転、倒立前転
　後転　⇒　開脚後転、伸膝後転
　側転　⇒　ホップ側転、ロンダート
　ブリッジ　⇒　後方起き上がり

③調べた発展技を交流し、技術ポイントを出し合う。

今回は上記した発展技の中でも、特に難易度の高い技【発展技】「倒立前転、ロンダート」の技術のポイントを明確にする。

【倒立前転】

【ロンダート】

胸をはって軽く助走する　高く遠くホップする　遠くに手をつく　倒立経過中に両足をそろえる　腰の「あふり」を利用して着地する

3.　3・4回目の授業【第2次】

(1) 3・4回目のねらい

　発展技の技術ポイントをもとに練習し、それぞれの技ができる。

(2) 3・4回目の授業の流れ

＊発展技の練習をする。

○倒立前転

・ 倒立から倒れる

・ 支持倒立から前転へ

・ 壁のぼり倒立から前転へ

※初めはセーフティマットを使用する。

○ロンダート

・ 側転島渡り

　島にはマット（①は跳び箱でよい）、島と島の間にもマットを敷くとよい。

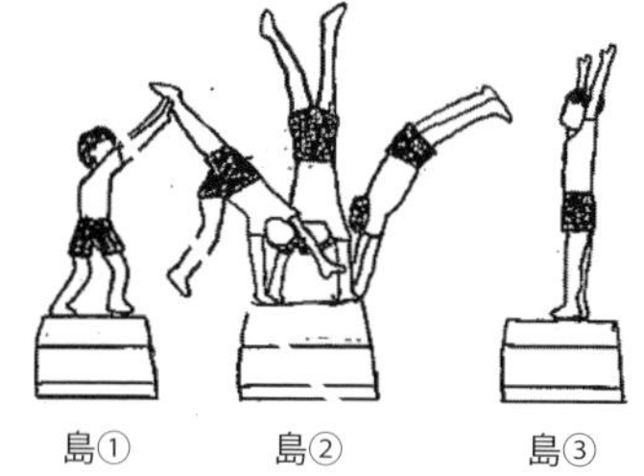

島①　島②　島③

　島①で踏み切って、島②で着手、地面に落ちないように島③に渡るには、どうしたらいいのかという「学習課題」を設定する。

・ 普通に側転をしたら島③にはわたれない。
　⇒島②で両手の突き放し、空中で両足をそろえる⇒ロンダート

4.　5回目の授業（第3次）

(1) 本時のねらい

　オリンピック競技の床運動などの映像や方

【倒立前転】

※手よりも肩を前に出してから前転するのがポイント

【側転90°前方ひねり（アラビア回転）】

胸をはって軽く助走する　高く遠くホップする　遠くに手をつく　倒立経過中に両足をそろえる　腰の「あふり」で前向きに着地する

形マットでの基本的な動き「縦、横、斜め等」をもとに、グループマットの具体的なイメージをもつことができる。

(2) 本時の流れ

①グループマットのイメージをもつ。

オリンピック競技の床運動や新体操などの歴史について、資料をもとに学習する。競技の映像を見る。

※事前に調べ学習を行っている場合は、子どもたちの発表形式で行うようにする。

②グループで方形マットの基本的な動き「縦、横、斜め」を行う。

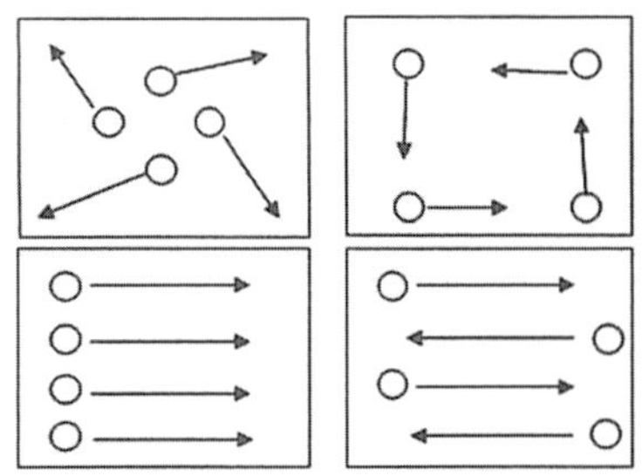

初めは前転や側転などの慣れた技で行い、しっかりと「シンクロ」できているかをグループで確かめ合う。

5.　6回目の授業（第３次）

(1) 本時のねらい

前時の授業をもとに、グループでグループマットの構成を考えることができる。

(2) 本時の流れ

①グループマット（１分程度）の構成を考える。

ワークシートに全体の動きの流れや技の構成を記入していく。また、この後の兄弟グループでの合同の学習のためにも、途中のつなぎ技や最後のポーズなど、細かな部分まで記入するようにする。

【グループマットの構成図の例】

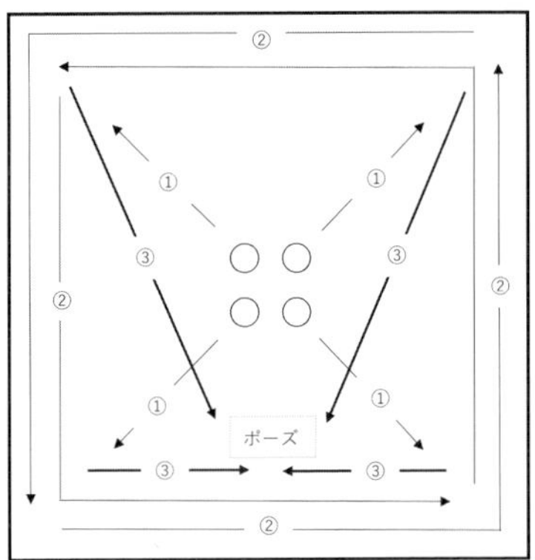

①倒立前転

②ホップ側転で半周

③側転

④ポーズ

上記の構成図は、文字数の関係で①～④までが１つの図の中に入っている。細かな部分まで図に記入しておくとすると、①⇒②⇒③⇒④といった場面ごとの構成図を作成する方がのぞましい。

6.　7・8回目の授業（第３次）

(1) ねらい

創った技の構成をもとに、グループのメンバーと練習し、動きを合わせることができる。

(2) 7・8回目の流れ

＊兄弟グループを中心に、グループマットの練習をする。

兄弟グループを設定して、演技を見合うことができるようにする。場所やマットに限りがあるため、全グループが方形マットを使用できるように、下記のように時間配分を考えたり、単一技の練習場所などの学習環境を整えたりしておく。

クラスの人数やグループの数によって練習時間等は相談する。

○場の設定

<table>
<tr><td colspan="4">○月○日（　　）
グループマットの授業（45 分）
※方形マット使用は各兄弟グループ 10 分程度</td></tr>
<tr><td></td><td>方形マット</td><td>練習マット</td><td>構成</td></tr>
<tr><td>①</td><td>A B</td><td>C D</td><td>E F</td></tr>
<tr><td>②</td><td>C D</td><td>E F</td><td>A B</td></tr>
<tr><td>③</td><td>E F</td><td>A B</td><td>C D</td></tr>
<tr><td colspan="4">残りの時間は準備、後片づけ、準備運動</td></tr>
</table>

7. 9 回目の授業（第 4 次）教室で

（1）ねらい

発表会の企画と運営の計画を立て、自主的に練習することができる。

（2）9 回目の流れ

①発表会の期日と時間、場所を決める。

発表会の準備や練習を自主的に行うことができるようにする。

②発表会に招待する人を決める。

③発表会の内容を決める。

【発表会の例】

- はじめの言葉
- 見学上のお願い
- 準備運動
- マットなれ、通しの練習
- 各グループの発表会の口上（見所）
- グループマット発表
- 感想発表
- 招待者の感想
- 先生の言葉
- おわりの言葉

④必要な係とその分担を決める。

⑤発表会に向けての活動をする。

8. 10 回目の授業（第 4 次）

（1）ねらい

- 発表会を自主的に運営し、みんなの力で成功させる。
- 学習を振り返り、まとめをすることができる。

（2）10 時間目の流れ

①前時に決めた「発表会の流れ」にそって発表を行う。

②学習のまとめをする。

発表会及び、今までの学習をふり返って作文を書き発表し合う。

V．評価

〈できる〉

- ロンダートやアラビア回転、倒立前転などの発展技ができたか。
- 友だちと技のタイミングやスピードを合わせることができたか。
- 技と技の間のつなぎがうまくできたか。

〈わかる〉

- みんなで技術ポイントを共有し、よりよい演技の構成の仕方がわかったか。
- みんなでよりよい演技に仕上げるためのグループ学習の方法がわかったか。

〈学び合う〉

- グループ学習をもとに、主体的に授業に関わっていこうとしたか。
- グループマット発表会の企画と運営が自主的にできたか。

器械運動
（ヘッドスプリングへの道）

Ⅰ．教材について

跳び箱運動は、大昔ヨーロッパで騎士が乗馬術を競い合ったのが始まりである。後に箱を使うようになって跳び箱が誕生し、それが日本に持ち込まれ普及した。戦前の体育の目標は強い体づくりだったので、より高い段を跳ぶことが重要視されていた。だが、近年の体育は身体表現の拡大や身体コントロール能力の育成が目標となり、着手後の第二空間局面が重視されるようになった。

同志会では、跳び箱運動のもつ独自のおもしろさは「跳び箱を使っての空間表現」と考えている。技の巧みさやダイナミックさ、美しさを表現するために技術を分析し、技の質を高めていくこととしている。高学年では、「台上ネックスプリング」から「台上ヘッドスプリング」を習得することにする。「台上ヘッドスプリング」はダイナミックな第二空間表現が特徴で、子どもたちにとってはおもしろく、喜んで挑戦することができる教材である。また、「はね動作（あふり）」、それを導くための「ため姿勢」、そして「腕押し（突きはなし）」など、技術ポイントがいくつかあり、高学年のグループ学習で学び合いを仕組む教材として最適であると考えている。なお、低学年から中学年で既習学習として「台上前転」を習得しているものとして、学習計画を作る。

Ⅱ．ねらい

〈できる〉
・第二空間局面を豊かに表現し、美しい着地（静止）を含む「台上ヘッドスプリング」ができる。

〈わかる〉
・頭腕支持からの「ため姿勢」の必要性がわかる。「はね動作（あふり）」のタイミングと力感、「腕押し（突きはなし）」のタイミングを身につけると、ダイナミックな表現ができることがわかる。

〈学び合う〉
・「はね動作（あふり）」のタイミングと腰の高さの関係を発見し、教え合うことができる。

Ⅲ．学習の全体計画（5・6年生）

	時	ねらい	内　容
第1次	1・2	○台上ヘッドスプリングとの出会い。 ○跳び箱運動の歴史を知る。	①台上ヘッドスプリングの映像を見て話し合う。跳び箱の歴史を学び、跳び箱上で自分を表現する楽しさが跳び箱運動のおもしろさであることがわかる。

第1次	1・2	○学習のめあてを決め、そのめあてに迫るグループづくりを行い、役割分担を確認する。	②事前のアンケートをもとに、異質学習グループをつくり、学習のめあてや進め方、用具の準備や片づけなどの役割分担について確認する。
第2次	3・4・5	○大きな台上前転（膝のばし前転）ができる。 ○ネックスプリングができる。 ・ネックで「はね動作〈あふり〉」ができる。	①大きな台上前転をするためには、踏み切り直後に膝を伸ばして前転すればよいことがわかり、できるようになる。 ②ステージの上のネックスプリングを行い、「はね動作〈あふり〉」のタイミングや力感、「腕押し〈突きはなし〉」の感覚がわかり、できるようになる。
第3次	6・7・8	○台上ヘッドスプリングができる。 ・ヘッドで「はね動作〈あふり〉」ができる。	①ステージ上でヘッドスプリングを行い、より大きな「はね動作〈あふり〉」ができるようにする。 ②補助付台上ヘッドスプリングができるようにする。 ③台上ヘッドスプリングができるようにする。（跳び箱を横に置いて→できれば縦置き）
第4次	9・10	○発表会を計画し、それに向けて練習する。 ○発表会を運営し、学習のまとめをすることができる。	①みんなのがんばりが認め合えるような発表会の計画を立て、練習する。 ②発表会を自分たちで運営し、グループの学習の成果や一人ひとりのがんばりを評価する。 ③学習のまとめの作文を書く。

Ⅳ．授業の流れ

1．第１回目の授業：オリエンテーションⅠ

（1）本時の流れ

①跳び箱についてのアンケート

・好きか嫌いか・獲得技調べ

※アンケートを、異質学習グループづくりに生かす。

②跳び箱運動の歴史を学ぶ。

③台上ヘッドスプリングの映像を見て、「どんな技か」「どうやったらできるようになるのか」「台上ヘッドスプリングと台上前転との比較」等を話し合う。

◆台上前転

◆台上ヘッドスプリング

ア　膝が伸びている。

イ　背中が跳び箱に着かない（体が反っている）。

ウ　途中（跳び箱上）で運動のスピードが遅くなる（ため姿勢）ところがあって、その後俊敏な動き（はね動作・あふり）になっている。

エ　腕で跳び箱を突き放している（腕押し・突き放し）。

2．第２回目の授業：オリエンテーションⅡ

（1）本時の流れ

①学習目標を立て、学習計画をともにつくる。（見通しを持つ）

・目標、「第二空間局面をダイナミックに表現する台上ヘッドスプリングをしよう！」を設定する。

②グループづくりと学習の進め方

・アンケートをもとに「できる子」と「できない子」混合のグループにする。(異質学習)

・用意したグループノートの書き方、役割分担などを行う。

③用具の準備の仕方を確かめる。

④グループメンバーの獲得技を確かめる。

3.　第3回目の授業：大きな台上前転（膝のばし）

(1) 本時の流れ

①台上前転がなめらかにできるポイントを振り返る

・「しっかりとした腕支持」「柔らかく後頭部をつく」「腰の引き上げ」

上の図は、跳び箱とロイター板が離れているが、子どもの実態に応じて変えることが望ましい。

②大きな台上前転をする方法の発見

・台上前転を大きくするためにはどんな工夫をすることが必要なのかを発見し、膝のばし前転を行う。

4.　第4～5回目の授業：ネックスプリング

(1) 本時の流れ

①首はねの感覚づくり（補助運動）

②ステージからのネックスプリング

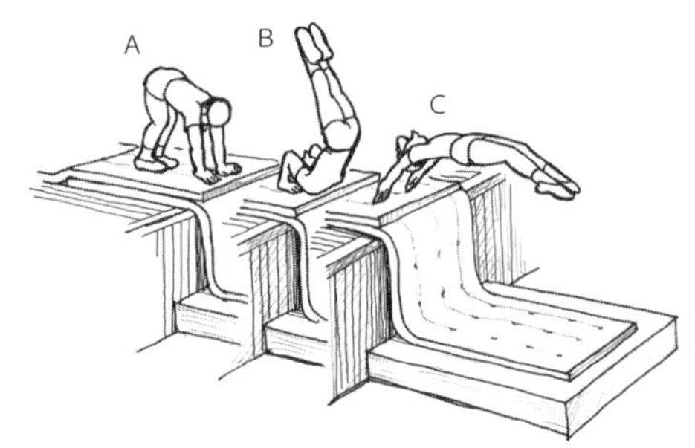

・ステージからマットをたらし、下にセーフティマット（エバーマット）などを敷いて行う。

※このネックスプリングは、助走を必要としないため、恐怖心が少なく運動への抵抗は少ない。そのためネックスプリングで、はね動作を徹底的に学習しておきたい。大きな台上前転（膝のばし前転）の時のように膝をのばして、「ため」の姿勢をつくり勢いよくはねる動作を行う。

※グループで「膝ののび」「ため姿勢」「はね動作（あふり）」を観察し、助言し合うようにする。はねるタイミング、そのときの腰の高さ、はねる方向が観察のポイントである。

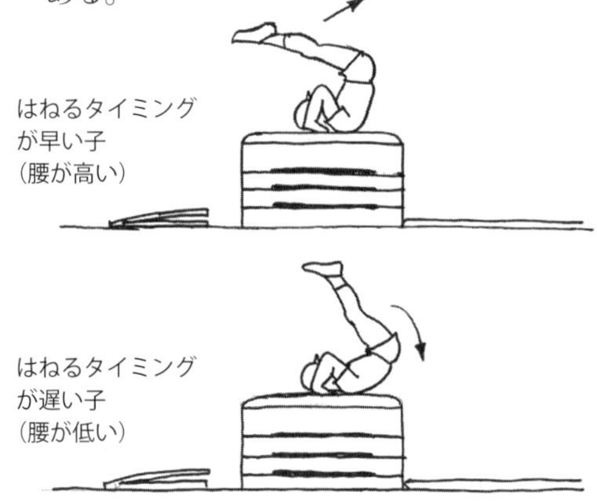

5. 第６回目の授業：ステージからのヘッドスプリング

（1）本時の流れ

①頭はねの感覚づくり（補助運動）

②ステージからのヘッドスプリング

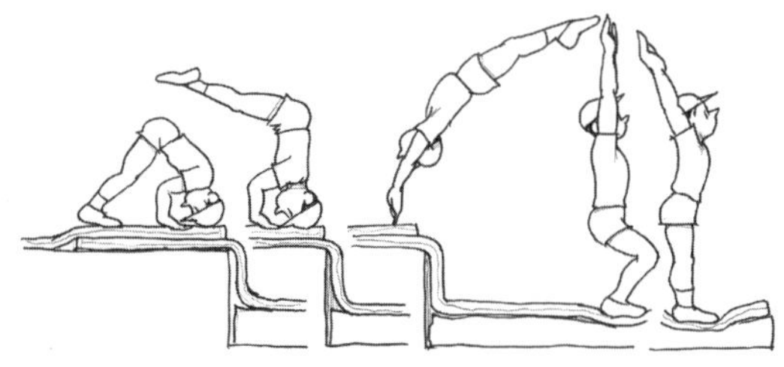

・ネックスプリングのときと同じようにマットを準備する。

・前頭部（髪の毛の生えぎわ辺り）をつけ、手でしっかり支えて背中は真っ直ぐ、膝は伸ばして数字の７の字のような形をつくる。腰が支点より前にくるため、腰が落ちかかったら、一気に体角を開くように「はね動作」を行う。運動が始まる時に床を見ようという意識を捨て、目線は天井→前方遠くへ移って着地をむかえる。

「ステージからのヘッドスプリング」のチェック	
頭の着き方はいいか	
７の字ができているか	
「はね動作」のタイミングはいいか	
手の突き放しができているか	
前方遠くを向いて着地（静止）	

・前図のようなチェックリストでそれぞれのポイントをチェックし、できていない所についてグループで協力しながら練習する。

6. 第７時間目の授業：補助付台上ヘッドスプリング

（1）本時の流れ

①補助付台上ヘッドスプリング

・跳び箱を横置きにし、跳び箱の上にマットをかけて行う。

・跳び箱に手をついたまま２回ジャンプし、３回目にヘッドスプリングの７の字（ための姿勢）をとる。両側から２人で脚を支え、１人が首を支え頭頂部をマットにつかせる。さらに補助の１人が腰が前方に落ちないように支える。合計４人が補助する。最初は７の字で一時停止するくらいゆっくり確実に運動を行うため、頭は頭頂部をつくことで安定感を高める。グループの仲間は補助を通してこの技のポイントをつかんでいく。感覚に慣れてきたら補助の支える力を弱くしていく。最後は触っている程度までになると次の学習に進める。

7. 第８時間目の授業：台上ヘッドスプリング

（1）本時の流れ

①補助付台上ヘッドスプリングのときと同じように、跳び箱にマットをかけて行ってもよい。慣れてきたらマットを外して行う。

・最初は助走なしで、慣れてくると徐々に助

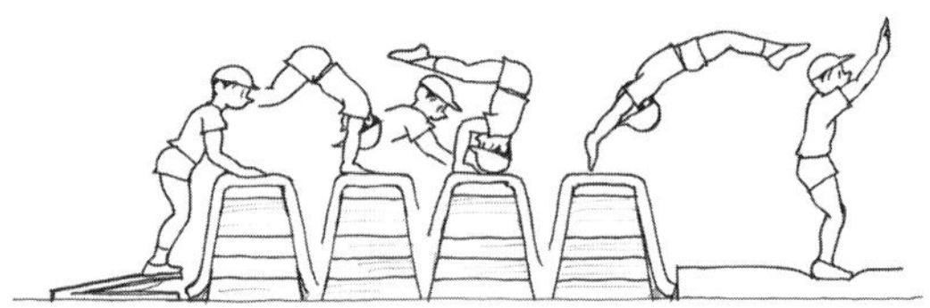

走を増やしていくとよい。助走は3歩もすれば十分であるが、第二空間局面の表現をより大きくしようとすると、その前の第一空間局面を大きくする必要がある。第一空間局面を大きくするためには、ロイター板を跳び箱から離して置く必要がでてきて、長い助走が必要になってくる。跳び箱の高さは、補助付台上ヘッドスプリングの時よりも高くしていけるようになる。ここまで来ると、それぞれの技をそれぞれが追究するようになるので、跳び箱の高さの違ういくつかの場を設定したい。

8.　第9回目の授業：発表会の計画・練習

(1) 本時の流れ

①発表会の期日と時間と場所を決める。

②発表会に招待する人を決める。

③発表会の内容を決める。

・お互いの演技を通して、学習の成果を認め合うことを目的とする。

【プログラム】

1　はじめの言葉

2　見学上のお願い

3　準備体操

4　学習してきたことを紹介

5　招待者の感想

6　終わりの言葉

9.　第10時間目の授業：発表会・学習のまとめ

(1) 本時の流れ

①発表会をする。

②学習のまとめをする。

・これまでの学習を振り返って、自分やグループの友だちの変化を見つめていく作文を書く。

V．評価

〈できる〉

・台上ヘッドスプリングができる。

・台上で大きな前転（膝のばし）ができる。

・ネックスプリングができる。

〈わかる〉

・膝をのばすと第二空間局面が広がることがわかる。

・「はね動作」をするためには、「ため動作」が必要なことがわかる。

・「はね動作」をすることで、第二空間局面がより大きくなることがわかる。

・「はね動作」のタイミングを早くすると、第二空間局面が大きくなることがわかる。

〈学び合う〉

・お互いの技を観察し合い、比較し合うことでポイントがわかり、教え合いができる。

・補助し合うことで、技のポイントがわかり、お互いに上達し合えることがわかる。

・学習のまとめとして発表会を成功させることで、協力・共同の意味や価値がわかる。

ボール運動
（フラッグフットボール）

Ⅰ．教材について

テレビなどで目にするアメリカンフットボールは、重装備のプレーヤー同士がぶつかり合いながら陣地を奪い合う、かなり激しい陣取りゲームである。フラッグフットボールは、このアメリカンフットボールを原型にしながらも、タックルの代わりに腰に付けたフラッグを取ることで安全化が図られている教材であるが、陣取りゲームに変わりはない。

2008（平成20）年の小学校学習指導要領改訂で、ボール運動は「攻守の特徴（類似性・異質性）や『型』に共通する動きや技能を系統的に身に付けるという視点から整理」（文部科学省、2008）され、「ゴール型」のゲームとして例示されたことが契機となって、今ではフラッグフットボールの実践をよく目に、耳にするようになった。しかし、すでに40年前から、同志会ではこの教材の可能性を見出した教師たちによって実践が積み重ねされ、今に至っているということを、明記しておきたい。

この多くの積み重ねのなかで、フラッグフットボールがどのようにとらえられてきたかと言うと、まず大きな特徴として、他のボール運動と比べて、ボール操作の技能が容易であることが挙げられる。厳密に言えば、それらの技能も必要であるし、だからこそ伸ばすための練習も必要である。

ただし、得点のためにシュートを決めなければならないゲームと比べると、ボールを持って進めることや、ボールをキャッチすることが直接得点になることは大きな違いである。それだけに、シュート技能に左右されず、どのようにボールを運んでいくかという、どのゴール型のゲームにも要求される戦術に焦点化して、次に述べるようなねらいに迫れるのではないだろうか。

Ⅱ．フラッグフットボールでねらえること、ねらいたいこと

1．「ボールを持たない動き」を重視する

これまで同志会では数多くのフラッグフットボール実践が試みられてきた。そして、そ

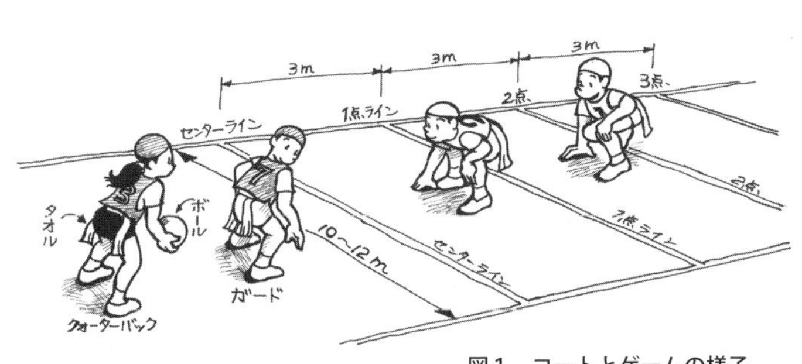

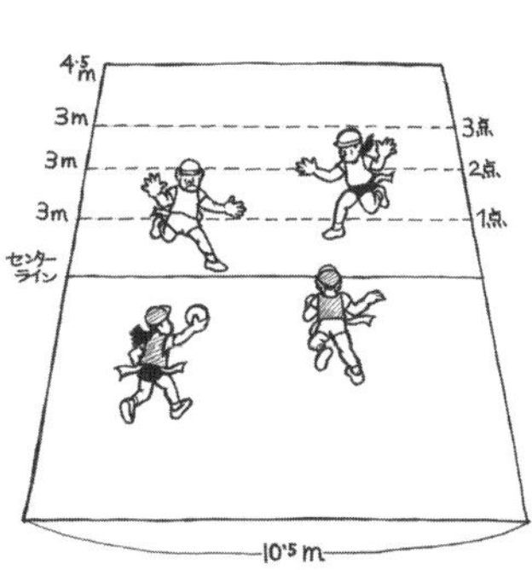

図1　コートとゲームの様子

の多くの実践者は、みんなが役割をもってゲームに臨める点をフラッグフットボールのよさだととらえてきたように思う。それは、ハドルでセットプレイなので各々の位置関係が決まっており、またこれから行う役割や動きを確認してからプレイを始められるからである。そして、なにより重要視した役割というのが、ボールを持たない時のガードの役割だったのではないだろうか。ボール保持者が進むための空間を、手を広げて守備が来れないようにするオフェンスガードの動きは、ボール運動が苦手な子にとっても、ゲームのなかで実施しやすいものだからであろう。

このような一人ひとりの役割を組み立てて１つの作戦を作り出す。この役割がわかっているからこそ、プレイを検証するための視点が明確になる。だからこそ、うまい子だけが支配するゲームや話し合いにならないわけである。

2.　１プレイごとの相談を生かす

フラッグフットボールでは、ボール保持者のフラッグが取られた時、ボールが地面に落ちた時、ボールがコート外に出た時に、アウト（ボールデッド）になる。他のボール運動よりも、簡単にボールデッドになりプレイが途切れるルールになっている。また、１プレイでパスが行われる回数は基本的に１～２回程度であり、それだけ１プレイが完結するのが早い。たいていの場合、数秒で１プレイが終わる。

そして、１プレイごとに、事前に作戦図などを見ながら、「ハドル」と呼ばれる作戦会議を行う。ポジションや役割の確認をしてプレイに臨むので、フラッグフットボールで「作戦」という場合は、予めやることが明確なセットプレイのことである。つまり、作戦で意図したことを実現できるか否かを楽しむゲームだと言える。１プレイの意図が明確なだけに、プレイ後にはその検証の視点も明確である。

このような特徴から、作戦の準備、実施、検証・改善を１つのサイクルとしながら学習を進めやすいと考えられる。

3.　作戦の特徴を理解し、組み立てる

フラッグフットボールにおける作戦は、大きくラン作戦とパス作戦に分類でき、どちらにもメリットデメリットがある。

ラン作戦は、図２のように「スクリメージライン」と呼ばれるスタート開始線をボールを持った人が越えていく作戦である。

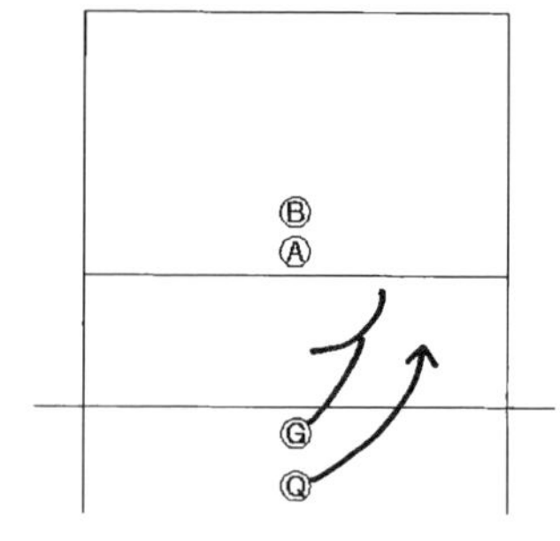

図２　ラン作戦の例

これに対して、スクリメージラインを前に投げたパスによって越えていくのが、パス作戦である。

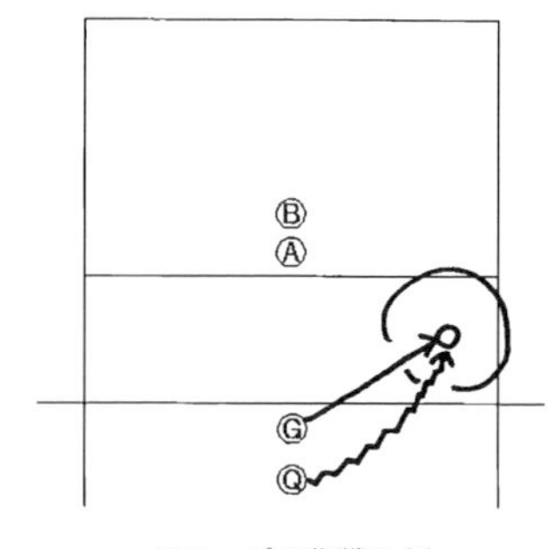

図３　パス作戦の例

アメリカンフットボールでは、4回の攻撃で10ヤード以上進むことができたら、新たな4回の攻撃権を得ることができる。そうやって、少しずつ相手陣地に攻め込み、最終的にタッチダウンゾーンへボールを持ち込むことができたら得点となる。このような得点形式の特徴は、多くの実践でも取り入れられてきた。これによって、残りの攻撃回数や得点状況などを考えながら、攻撃ではラン作戦とパス作戦の使い方、守備では守り方の特徴を生かした駆け引きがゲームでは繰り広げられる。つまり、それぞれの作戦の特徴について学んだ知識が、ゲームの勝敗を左右することにつながるボール運動の授業が実現しやすいのだ。

Ⅲ．いざ授業計画の立案へ

1.　技能習熟のための運動を継続する

まずは、毎時間の45分間をどのように使うかを考えてみよう。

フラッグフットボールがボール操作の技能をあまり要しないとは言いながらも、やはりその投補の技能を高めること、そして、様々な走り方を磨くことはプレイの質を高めるためには重要である。そこで、やはり授業の最初に準備運動も兼ねて、継続的にそれらの運動に習熟するための時間は確保すべきである。これらの運動としては、次のようなものが考えられる。

- いろいろな走り方
  スキップ、ギャロップ、ジグザグ、バックステップ、ネコとネズミ、など。
- キャッチボール
  向かい合って、動きながらキャッチ、動きながら投げる、山なりのボール、低く速いボール、など。
- 1：1でのしっぽとり（写真）

子どもの実態にもよるが、これらを組み合わせて、毎時間10～15分間の技能習熟を図りたい。そうなると、正味30分程度が、チーム練習やゲームをする時間として残っていることになる。

2.　準備―実行―検証・改善のサイクルを繰り返す

先に、フラッグフットボールは、作戦で意図したことを実現できるか否かを楽しむゲームであると述べた。その意味でも、フラッグフットボール実践の肝は､作戦づくりにある。

とはいえ、他のボール運動教材でも作戦づくりを中心とした授業実践も見られるが、大まかなポジショニングや動き方の約束事を示したものになっているのではないか。プレイ開始直後には、事前に合意された動きをするのかもしれないが、それが行き詰まったときには、動きの中でパスやドリブルをしたり、再び立て直したりといったことが行われる。フラッグフットボールにおいても、作戦通りに進めることができず、その場で判断で動きが変更されることはある。しかしながら、フラッグフットボールの作戦はセットプレイであると述べたように、作戦通りにいかなかった場合は、その原因を見出し修正することによって、事前に準備される作戦そのものの精度を上げていくことを学習の中心に据えたい。

そのためには、事前に作戦を準備すること、それを練習やゲームで試すこと、プレイのできばえを検証し、よりよく改善すること、これらが繰り返されることが学習の中心的な課題になる。

これらのサイクルは、１つの作戦について１回行えばいいというものではなく、必要に応じて時間を保障しなければならない。作戦の精度を上げるという意味では、チーム内での練習時間を確保する必要がある。これも、例えば２：２のゲームで提示した作戦図どおりに動く練習であれば、それほど時間がかからないだろう。しかし、３：３のオリジナル作戦ともなると、合意する情報が多くなるので、それだけ時間がかかる。これが、１人あたり３つくらいの作戦を作ったとして、そのチーム人数分となると、作戦を試すだけで２～３時間はいるのではないだろうか。

また、ゲームを組み立てるという意味では、他チームとの対戦回数を確保する必要がある。まとめのリーグ戦では、作戦の組み立てという課題には迫りにくいであう。同志会では、試しのゲーム、中間のゲーム、まとめのゲームという２サイクルを経る指導計画がとられてきた。これは、この学習サイクルが重要だと考えられるからであろう。

3.　子どもの学習状況把握から単元構想へ

さて、これまで述べてきたことを勘案しながら、フラッグフットボールの単元を構想してみよう。

大まかには、２：２から３：３にいたる単元構成となるであろう。ただし、それは２段構えになる。２：２のフラッグフットボールを学んでいるかどうかが、決定的に違うからである。先述のように、ボール運動では「ボールを持たない動き」が重要で、特にフラッグフットボールでは、オフェンスガードの役割を有効に活用してほしい。しかしながら、オフェンスガードという役割は、遊びのなかでも見られず、体育授業で扱われる他のボール運動教材でもあまり教えられることのない役割である。守備側が通せんぼをすることはあっても、攻撃側が通せんぼをする場面は見られないわけだ。したがって、このある意味で特殊な役割の重要性への共感は、特別に時間をかけて育てていく必要がある。そこで、ここでは２つの単元構想を提案する。

まず、１つ目は、高学年で初めてフラッグフットボールに出会う子どもたちを対象にした単元構想である（Ａ案)。２：２でボールを持たない動きを重点的に学び、３：３にもチャレンジしてみよう、といった単元になる。

次に、これまでにフラッグフットボールの２：２の学習を経験している子どもたちを対象にした単元構成である（Ｂ案)。

ここで示した２つの単元構想は、どちらも学びのサイクルを１回は回したいと考えたもので、それぞれの時数もあくまで目安として提示した数字に過ぎない。実際には、2、3回の方が学習は深まるであろうが、子どもの学びが伴わない回数は無意味だとも言える。初めて実践にチャレンジする先生にとっては、２：２のゲームでも引き出したい動きになかなか近づけないことが多い。無理のない時間設定をして、みんなの学習が深まることを考えたい。

【A案】2：2を学んでいない場合の単元計画
（全12時間）

次	時	内容
1	1・2	オリエンテーション ・2：2のゲームの説明 ・2：2の作戦練習
2	3	2：2の試しのゲーム
3	4～6	2：2の作戦修正とゲーム
4	7～10	3：3のゲーム説明 3：3の作戦づくりと練習
5	11・12	3：3のゲームと学習のまとめ

【B案】2：2を学んでいる場合の単元計画
（全12時間）

次	時	内容
1	1・2	オリエンテーション ・2：2の復習ゲーム ・3：3のゲームの説明 （3：3の作戦づくりを宿題）
2	3～5	3：3の作戦練習
3	6・7	3：3の試しのゲーム
4	8～10	試しのゲームの振り返り 3：3の練習
5	11・12	3：3まとめのゲームと学習のまとめ

Ⅳ．授業プラン

1．前半　2：2

本稿では3：3まで進めることを前提としたプランを示すので、2：2で教えることを最小限に止める。

最小限とは、ルールを理解し、ゲームでプレイしたり審判ができるようになることである。具体的には、次のようなことがねらいとしてあげられる。

【攻撃】ボールを持たない時の役割を理解し、ラン作戦とパス作戦を使ってゲームができる。
【守備】ボールを追い詰めたり、パスを防ぐ役割を相談して守ることができる。
【審判・監督】ルールに基づいて、アウトや得点を判定したり、ゲームの記録をとることができる。

しかし、2：2でもフラッグフットボールで教えたいことの多くを教えることもできるので、もし2：2に重点をおいた指導を検討されるなら、発展的な内容も補足するので参考にされたい。

第1次：オリエンテーションと2：2のゲーム

第1次では、フラッグフットボールのゲームルールの理解させること、2：2の作戦例を示しそれを元にゲームが進められることが目標である。また、すでに示したフラッグフットボールで必要となる技能についても、後の授業で準備運動として行うので、それらの意味についても解説し納得させたい。

基本となるルールは次のようなものである。

☆ゲーム（2：2）のルール

○コート

横幅は、ゲーム人数×3～4mを基本に考える。広すぎると、身体能力の高い子どもが走力だけで高得点を取れてしまうので、ガードが決まったら多く進めるという設定が必要である。また、縦はあまり長くすると、ロングパスの技能に左右されるので、これも長くしすぎないようにしたい。体育館であれば、バレーコートが大きさの目安である。

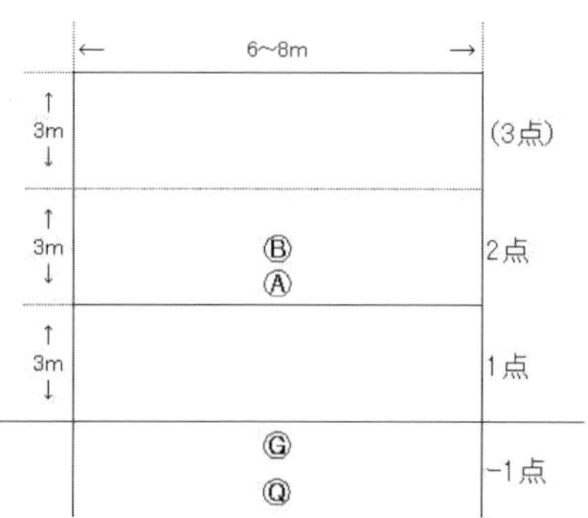

図４　2：2のコートとポジション

○得点形式

基本的にアウトとなった場所まで、ボールが進んだ、つまり陣地を取ったと判定し、そこが得点となる。

陣取りゲームという考え方からすると、攻撃側は少しでも進めることに価値があり、逆に守備側は少しでも下がらせることに価値がある。そのように考えると、スクリメージラインを越えて前に１点ゾーンと２点ゾーン、そして後ろでボールデッドになった場合は、マイナス１点ゾーンを設ける。また、パスが失敗した場合は０点とする。さらに、２点ゾーンを区切って３点ゾーンを設けるという方法もある。

○次の時、アウトとなりプレイ終了。

・ボール保持者のフラッグが１本でも取られた時
・ボールを地面に落としたりした時（ボール保持者が手や膝を着いた時、パスが守備側にカットされた時も含む）
・ボールがコート外に出た時

○プレイ開始のポジション

毎回のプレイは、図４に示したように、１点ゾーンを挟んで向かい合うようにポジションを固定して、開始する。

攻防に駆け引きを楽しむということであれば、ポジションを自由にして始めるというやり方もある。ただし、攻撃側の事前に意図した作戦が実行されにくくなる。

○反則

・プレーヤーは相手をガードして進ませないようにすることができる。しかし、つかんだり、押したり、タックルをしたりしてはいけない。
・前パスは１回だけできる。スクリメージラインを越えて前に出たらパスはできない。パスした場合、反則で０点にするか、進んだところまで得点とするかは要相談。

☆ゲーム（2：2）の進め方

○１チーム２ペア４人程度で編成する。ゲーム人数は２人なので、残りのペアが監督となって、記録をつけたり、プレイの評価を行ったりする役割を担う。

○ゲームの前半は１ペア目がプレイし、攻撃と守備を２回続きで行う。後半は、２ペア目が行い、合計点で勝敗を決める。

○それぞれのペアは、１プレイごとに前後を入れ替わり、攻撃も守備もそれぞれのポジションを１回ずつ行う。攻撃の作戦を決定する権利は、ボール保持者にある。

○ゲーム記録は、表１のようになる。プレイ前の相談は４人で行うことで、プレイの評価もできるようにする。

表１　ゲーム（2：2）の記録表

作戦		点	コメント
右ラ	○	2	シンクロしてた。
左2パ	×	0	間違って右に行った。
左2パ	△	1	投げれなかったので右に走った。
左ラ	○	1	よかったけど、止められた。

☆作戦例の提示と２人の役割

2：2を初めて行う子どもたちは、いくら

ルールと進め方を説明されても、ゲームのイメージは全く持てないと思われる。そこで、具体的に実際のゲーム映像を提示したり、実演したりする必要がある。

また、2：2では4つの基本的な作戦パターンを示し、ラン作戦とパス作戦を使った攻撃を学ばせたい。すでに、図2のラン作戦と、図3のパス作戦は示した。これに加えて、図5に示したのが、フェイントを入れたラン作戦と2点ゾーンへのパス作戦である。これらの4種の作戦は、全て右側のスペースへの侵入をするようにしているので、左に行くように変化させれば、合計で8種類の作戦を示していることになる。

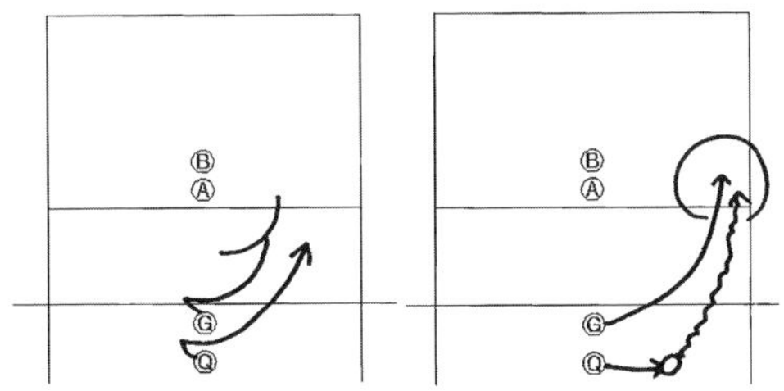

図5　2：2の作戦パターン例

これらの攻撃の作戦では、ボール保持者ならランかパス、ボールを持たない人はガードからパスレシーブと整理している。

それに対して守備の役割は、Ⓐの人はボール保持者へのプレス、Ⓑはプレスかパスへの対応ということになる。

まずはこれらを元にゲームを進め、そこから作戦の質を高めるために、シンクロした動きや、ガードの向き、レシーバーの走り方などが課題となってくるであろう。

もちろん、最初から子どもたちに任せて、試行錯誤しながら作戦を練り上げていく実践も魅力的である。2：2でも得点に応じた攻め方や守り方を課題としたゲームを深めていくことは可能である。

☆監督の役割とプレイの分析

ここで示した作戦例を元にゲームを行う2：2の場合、「ハドル」において事前にチームの4人が確認することは、「右ラン」とか、「左2点パス」といったことである。監督ペアが、これを作戦名の欄に書き込む。

そして、実施されたプレイを観察し、審判が宣言した得点と、そのプレイが作戦通りにいったのか、いかなかったかを判定し、○×を記入する。「右ラン」で2人ともシンクロして右に行けたら○、どちらかが間違って左に行ったら×といった具合にである。ただし、プレイ直後は作戦通りに進んでいたが、途中でうまくいかず、作戦が変更される場合が起こりうる。例えば、「左2点パス」でパスをしようと思ったが、守りがいて投げても取れそうにないから、ボール保持者が右に走った、というような時である。これは×と判定もできるが、一方で監督から見て、「今のは仕方がない」、むしろ「その方がよかった」と思えるので、△という判定を加えることもできるだろう。どちらにしても、判定の理由をきちんと書き込むことが大切である。この記録表を元にして、自分たちの課題をとらえながら主体的な練習に取り組めるようになるのである。

また、この記録表を元に、試しのゲームと次のゲームを比較することで、チームの作戦実行力の高まりを実感させることにもつなげたい。

2.　後半　3：3

前半の２：２では、２人の役割を理解した上で、２人のコンビネーションを磨くことが課題であった。後半の３：３では、２：２での２人のコンビネーションを元に、新たに加わる３人目のボールを持たない人の役割も加味して、作戦づくりを中心とした学習を展開したい。たった１人ボールを持たない人が加わるだけで、攻撃・守備のバリエーションは一気に増え、おもしろさとともに複雑さも一気に跳ね上がる。

具体的なねらいとしては、次のようなものが挙げられる。

【攻撃】２人のボールを持たない人の役割を生かしたラン作戦とパス作戦を準備し、ゲーム状況に応じて作戦を組み合わせながらゲームができる。
【守備】３人でのディフェンスフォーメーションについて理解し、ゲーム状況に応じて集団的に守ることができる。
【審判・監督】２：２と同じ。

第２次　3：3の作戦づくりと試しのゲーム

第２次でも、第１次と同様に準備運動としてフラッグフットボールで必要となる技能の習熟練習を継続する。

３：３でのルールは、基本的に２：２を継承しながらも、次の点が変更・追加になる。

☆ゲーム（3：3）のルール

○コート

横幅は、ゲーム人数３人×３～4mとして10～12m程度にする。縦は10m進んだ地点に3m程度の得点ゾーン（タッチダウンゾーン）を設ける。（図6）

○得点形式

４回攻撃で10m進めたら得点となるダウン＆ディスタンス制を採用する。

アウトとなった場所から次の攻撃を開始することを繰り返し、４回以内で得点ゾーンにボールを持ち込めたら得点となる（得点が入ったら、攻守を交代するというルールもあるが、４回までは続けて攻撃できるというルールもあり得る。例えば、３回目で得点したら、また最初のスタート開始線までもどって４回目を行うというもの）。

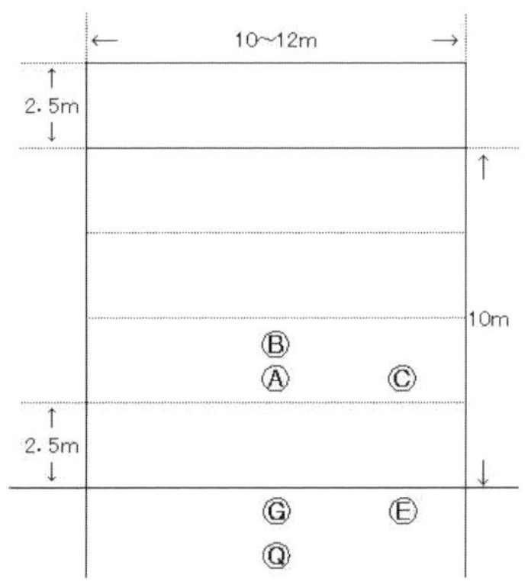

図6　3：3のコートとポジション

○プレイ開始のポジション

毎回のプレイは、進んだ場所をスクリメージライン（実際には見えないライン）として開始する。

ポジションは、攻撃側は作戦通りに位置し、守備側は2m（もしくは審判が両手を広げた距離）離れて、攻撃側と鏡になるように位置する（図６参照）。これも、作戦図で意図したことが実現しやすくするためである。

○アウトと反則は２：２と同じ

☆作戦をつくるための知識

３：３は、２：２と比べると、作戦としてできるようになることが増える。それだけ動きも複雑に組み合わさるので、プレーヤーだけでなく、監督にとってもプレイの分析の複雑さも増すことになる。そこで、あくまで２：２の学習を活用しながら、３：３に進めるように配慮しなければ、特にボール運動が苦手な子にとっては、ゲームの複雑さで混乱してしまうだろう。たとえ2:2を経験していても、まずは２：２を振り返ってから３：３に入っていく単元構成をしたのは、そのためである。

では、具体的には、どのようにつなげていけばよいのであろうか。作戦づくりのためには、ルールの理解と戦術に関する知識が必要である。ルールの理解には、２：２同様に実際のゲーム映像を提示したり、実演したりする必要があるだろう。問題なのは、戦術に関する知識である。これは、攻撃と守備に分けて整理してみよう。

まず、攻撃である。ボールを持たない人の役割は、大きく２つ。ガードとパスレシーブであった。これを３：３に当てはめると、作戦は次のように組み合わせられる。

①２人ともガード（３人一緒）

②２人ともレシーバー（３人がバラバラ）

③１人がガード、１人がレシーバー
（２つに分かれる）

①は、２：２のラン作戦と基本的に変わらない。②は、２：２ではレシーバーを選択してパスをすることが必要となる。③は、２：２のパス作戦と動き方は同じであるが、ボール保持者がガードされながらパスが投げられることになる。

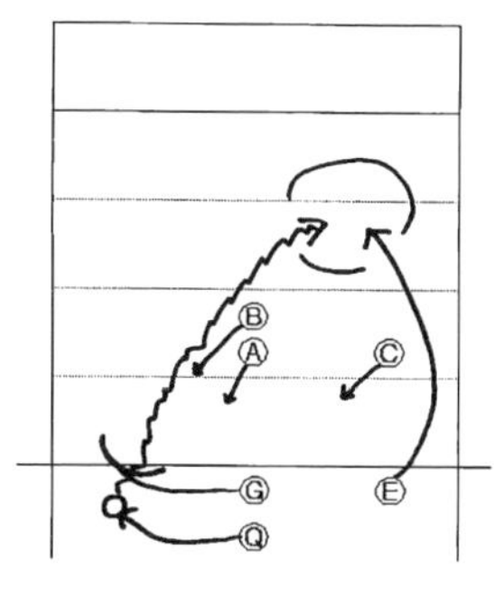

図７　③の作戦例

このように整理すれば､3:3の複雑さも､2:2に引き寄せて考えやすいのではないだろうか。

ここで、作戦づくりのポイントとして示しておきたいのが、スペース（有効空間）の問題である。①は右か左かという選択肢しかないが、②③については、左右と前後が組み合わせられることになる。例えば､②であれば、１人が右奥、１人は左横に進むというものである。守備側をおびき寄せたり、引き離したりしてスペースを創出するのである。

また、３：３でボール保持者の横または後ろにポジショニングできる人が増えたことで､すれ違いざまにパスを行う「手渡しパス」を教えれば、さらにスペースを意識した作戦づくりが拡がるだろう。

そして、これらの作戦の成功率、得点率などを練習やゲームデータから分析することである。すでに子どもたちは、練習・ゲームの過程で、安定して得点の取りやすいラン作戦と、ハイリスク・ハイリターンのパス作戦といった捉え方をしていることだろう。そこでさらに、数値も含めてデータでその実態（図8）をつかむことができたら、これらを組み合わせたゲームを楽しむための、攻撃面での前提が整ったことになる。

次に、守備である。２：２では、ポジションごとにそれぞれの役割があった。それを３：３のゲームでは、３人のフォーメーションを活用してみよう。

図９に示したのは、ボール運動で行われるプレス、マンツーマン、ゾーンという３つのディフェンスフォーメーションを、３：３のフラッグフットボールに当てはめたもの

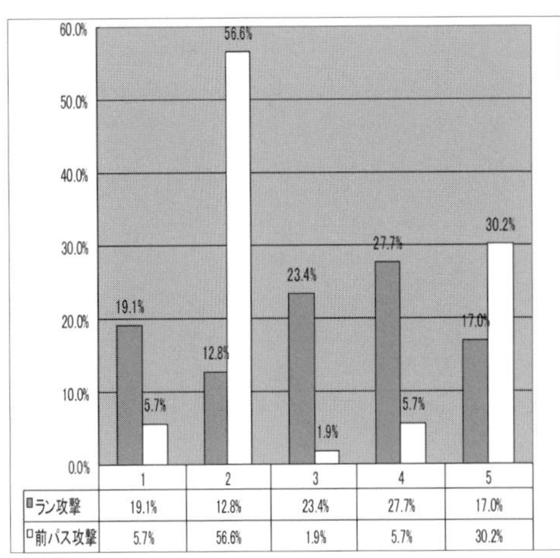

	1	2	3	4	5
ラン攻撃	19.1%	12.8%	23.4%	27.7%	17.0%
前パス攻撃	5.7%	56.6%	1.9%	5.7%	30.2%

図８　作戦別得点のデータ（2009）

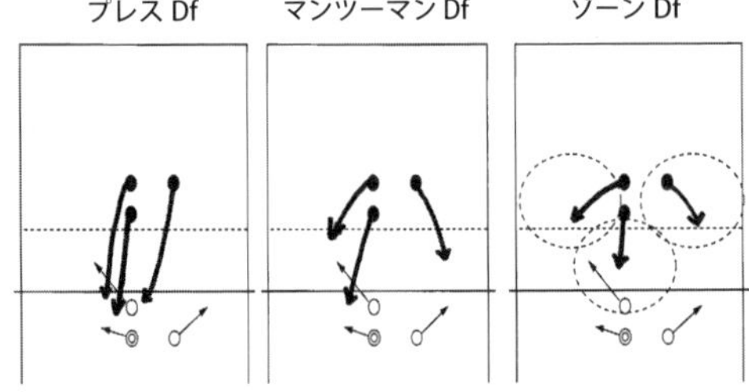

図９　ディフェンスフォーメーション

である。

　プレスは、ボール保持者に攻め寄り、より速くフラッグを取ったりパスを阻止したりするものである。

　マンツーマンは、マークする相手を決めるので、苦手な子にとっても役割がわかりやすい。パスには効果的であるが、手渡しパスなどで攻撃方向が急に変わると、マークが外されることになる。

　ゾーンは、あらかじめ大まかに守る範囲を決めておくので、攻撃空間の変化には対応しやすい。しかしながら、ラン作戦で攻められた場合には、人数的に不利な状況が生まれやすい。

　子どもたちは、１人プレスして、２人は後ろで左右のゾーンの「ゾンプレ」などのアレンジなども考え出すだろう。これらの特徴を理解し、ゲーム状況に応じて守り方を相談することができれば、守備面での前提も整ったことになる。

☆ゲーム（3：3）の進め方

○１チーム４人編成を引き継いで、３：３のゲームでは、３人がプレイし、１人が監督となって、記録をつけたり、プレイの評価を行ったりする役割を担う。ポートボール台の上を監督席にすると雰囲気が出る（写真）。

○ゲームは、攻守ともに１チーム４回ずつで、１プレイごとに攻守交代する。１人１回のボール保持者と監督を行う。

☆作戦ファイルの作成

　作戦練習において修正を重ねた作戦図は、チームごとに色分けしたクリアファイルに綴じる（写真）。ネームタグを付けて、個人個人の作戦をファイルすることで、ハドル時には作戦図を見ながら動きの確認をするとともに、監督はこの作戦図をもとにプレイを分析することができる。

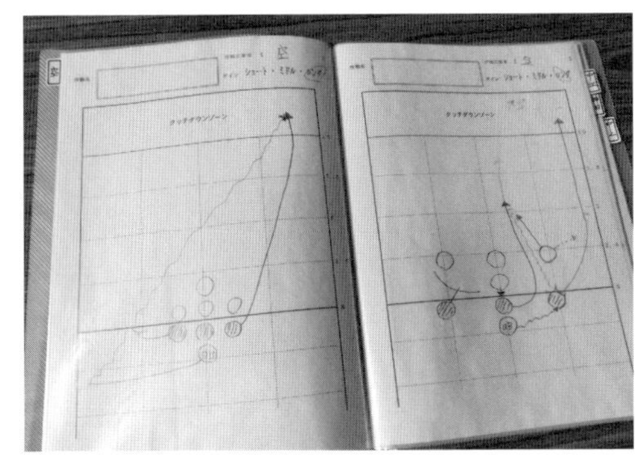

このような学習を進めることで、残りの攻撃回数や得点状況などを考え、攻め方と守り方の特徴を生かした駆け引きを楽しみながら行えるフラッグフットボール実践が拡がっていくことを期待している。

Ⅵ．発展的な提案

最後に、より発展的なフラッグフットボール実践にする提案をしてまとめとする。どちらも小学校での授業実践が試みられているとは聞き及んではいないが、１つの可能性としてお示ししておきたい。

①無資格プレーヤーの設定

２：２はラン作戦のみとして、ボールを持たない人はオフェンスガードに徹する。つまり、原則としてボールに触れることのない役割を担う。３：３になって、新たに増えたボールを持たない人がパスを受け取ることができるとする。よって、パス作戦は３：３から可能になる。これによって、２：２で教えることと、３：３で教えることが明確に分けられるのではないだろうか。

②ツープラトーン制の導入

アメリカンフットボールでは、攻撃専門と守備専門の選手に分かれたツープラトーン制で対戦が行われる。それぞれの専門性を特化して高めていこうとする理念が貫かれているのだ。小学校でも部分的にこのルールを導入することも可能である。例えば、１ゲームを前後半で実施する場合、前半は兄弟チームのＡが攻撃専門、Ｂが守備専門としてゲームを行う。後半は攻守が交替するのだ。対戦相手に合わせて、ＡＢどちらが先に攻撃を行うかを考えながら挑むゲームは、より戦略性を帯びたものになるであろう。

【参考文献】

文部科学省（2008）小学校学習指導要領解説体育編、東洋館出版、p.7.
大後戸一樹（2005）「わかる」・「できる」力を付ける体育科授業の創造、明治図書.

ボール運動
（インサイドキック・サッカー）

Ⅰ．みんなが、学び合いうまくなる授業

1.　技能格差が大きい高学年

中学年までにある程度のボール操作・身体操作と「縦（スルー）パスからのシュート」を履修していることを前提に、高学年では、この「パスからのシュート」に対応した防御方法と攻防の切り替え学習を経て、オールコートによるゲーム学習が学習課題となる。

しかし、今の学校体育の現状からは、このような学習は容易ではない。

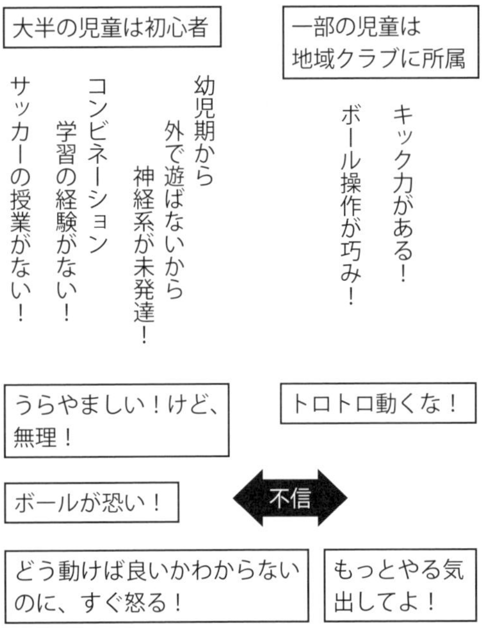

大半の児童は初心者

幼児期から外で遊ばないから神経系が未発達！

コンビネーション学習の経験がない！

サッカーの授業がない！

一部の児童は地域クラブに所属

キック力がある！

ボール操作が巧み！

うらやましい！けど、無理！

トロトロ動くな！

ボールが恐い！

不信

どう動けば良いかわからないのに、すぐ怒る！

もっとやる気出してよ！

学習活動では「苦手意識」をもつ子どもでも学習意欲が出るような配慮と、習熟児にも学習課題があるような授業計画が必要である。

2.　問答

問：難しい「配慮」までして、サッカー教材を扱う必要ってあるんですか？

答：女子は、中学・高校ではイギリス生まれのスポーツを学ぶ機会がありません。小学校高学年が最後のチャンスなのです。

問：イギリス生まれって？

答：サッカーやラグビーはイギリス生まれの球技で、ベースボールやアメリカン・フットボール、バスケットボール、バレーボールはアメリカ生まれです。

問：どうして、スポーツの発祥地にこだわるのですか？

答：スポーツには、生まれた国の文化が息づいています。学校体育でスポーツを学ぶのは、上手くするためだけではありません。学んだスポーツを入り口に（今でなくても）その国の文化にふれることも大切な学習なのです。

3.　学習課題を絞り込む

限られた学習時間で習熟児のもつ技能の全てを学習課題としても、習熟できないだけでなく、子どもの学習意欲も引き出せなくなる。そこで、

- 学習課題としてのボール操作をインサイド・キックに限定する。ドリブル遊びでは足のいろいろな部位でボールを触らせるが、評価対象にはしない。
- シュートの成否評価を到達度がわかるように工夫する。

・守りでは、内線防御（図 1）や、内角防御（図 2）の位置に立ったり、攻めの動きに応じて移動できることを目標とする。

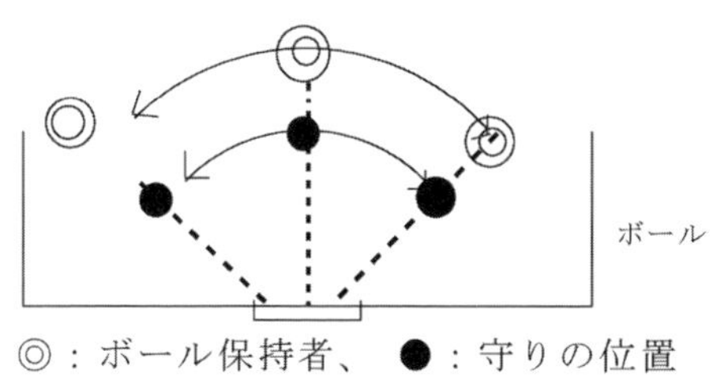

図 1　内線防御

ボール保持者とゴールの間に立って守ること。ボール保持者が動けば、防御も動いて常にボールとゴールの間に立つ。

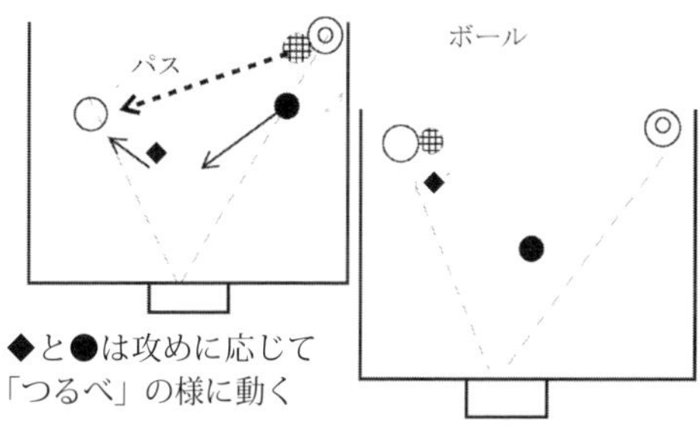

図 2　◆：内角防御の位置

攻めのパスに合わせて、◆が上がれば●は下がり、●が上がれば◆が下がる＝つるべの動き

●のサポートと、パス受けに走り込む○のマークができる位置＝ 2 本の線の間で守る。

・ボールが膝より高く上がったらファールとして、初心者の恐怖心を和らげる。
・実技学習中は、「ボールを手で触らない」を徹底させる。

これがボール操作上達の鍵

4.　ボール操作・身体操作の向上には、リズム変化のあるドリブルが有効

サッカー学習では、身体を支える脚でボールを操作し移動しながらボールを蹴るのだから、初心者の子どもには「ボール操作慣れ」時間と方法を用意する。「ボール操作慣れ」にはボールタッチの回数が多ければ多いほど効果があり、全員ボール保持のドリブル遊びが有効である。

Ⅱ．学習目標（達成目標）

1.　ボール操作の習得課題

「インサイドでトラップ」と「インサイドでプッシュパス」、「インサイドでのシュート」に絞る。

キックは 2 種類だけ

2.　守り方：ポジションのとり方

・相手ボール保持者の進路（内線防御）に立つことができる。
・内線に立つ味方の斜め後ろで、パス受けに走る相手をマークする位置（内角防御）に立つことができる。

ポジショニングができれば良し

3.　個人戦術

・身方や敵と正対する時間を少なくし、広い視野を得る半身の姿勢を維持することができる。

チームの攻め方、守り方をやり遂げるポイントは、個人戦術にかかっている

4.　チームや班で教え合い学び合う

・学習内容を確認し、それぞれのボール操作法やポジションのとり方を教え合って学ぶ。
・経験者は初心者の技量に応じたパスの出し方がわかり、精密なボールを配球する。
・練習量を確保するために準備作業を効率良く取り組む。

Ⅲ．学習計画

次時	配分	内　容	ね　ら　い	留　意　点
	オリエンテーション　別途記載（教室）			
第1次 1・2・3	5	準備作業	・事前確認で全員作業	練習時間・ゲーム時間確保
	5	足の内側、外側、先、裏などを使ってヘビドリブル。	・軸足の重心移動に慣れる。 ・両脚の協応動作	・小さなドリブルでタッチの回数を増やす。
	10	「集団ドリブルくやしい」 **このゲーム、自然に顔が上がる！**	・ボールと防御の間に身体を入れる。 ・ルック・アップで周りを観る。	・失敗しても何度でも挑戦できるルール。 **未熟者を上手くするには絶対！**
	20	「じゃまじゃまサッカー全員ボール保持バージョン①」 **相手のボールをクリアして歓声！**	・防御のすきをみて「じゃまゾーン」ドリブル突破。 ・防御はボール保持者の進路に立つ。	・失敗を怖れてアタックしない子に注意。 ・防御はボール奪おうとせず、ミスボールを蹴り出す。
	5	・整理運動と後片づけ	・事前確認で全員作業	・業間に食い込まない
第2次 4・5	5	準備作業	・事前確認で全員作業	練習時間・ゲーム時間確保
	5	・ヘビドリブルか「集団ドリブル」のどちらかをする。	ボール操作・身体操作慣れとウォームアップ。	・コーチは上手、下手に言及しない。愉しむ。
	15	「菱形①練習」（図・説参照） ・インサイドでのトラップ ・インサイド・プッシュパス ・インサイドでシュート **１人、各12回の練習を確保** **菱形一周で各２回できる**	・軸足先を蹴る方向に向け、ボールの横に踏み込む。 ・操作足は軸足に直角。 ・軸足の重心移動（かかとから指の付け根へ）と蹴り足のプッシュの協応動作。	・蹴り足の親指を上げ足首を固定してボールに当てる。 ・常に視野を広げて、ボールの進路に軸足を踏み込みボールが軸足に当たる直前に蹴り足をボールに当てる。
	15	「じゃまじゃまサッカー②（攻め３・ボール２個）」 **学習用班ノートの◎、○印の２人がボール保持** **□印、パスを受けてシュート**	・ドリブル突破。 ・タイミング、コース、強さを考えた縦パスをする。 ・弧を描き視野を広めて後方からのパスをヒットする。	・防御はミスボールを蹴り出す。 ・ターンしながらトラップ、インサイドでのパス。 ・後からのパスの進路に軸足を置き、蹴り足でヒット。
	5	・整理運動と後片づけ	・事前確認で全員作業	・業間に食い込まない
第3次 6・7	準備・ボール慣れ等・練習・ゲーム・整理運動・片づけの時間配分は２次と同じ、略			
	15	「菱形②練習」（図・説参照） ・弧状の走り込み・シュート ・Ｂから円の中へパス	・Ｂがリターンパスを出すのを観てＤがスタートする。 ・ゴールポストをねらう。 ・パスは円を外さない。	・スタート後、１度止まり、Ｃを観て、円へスタート。 ・キーパー正面に蹴らない。 ・ボールスピード、コースの調整をする。

第3次 6・7	15	「じゃまじゃまサッカー③（攻め3・ボール1個）」 追加ルール：コーチおよび班内でコーチ級の上手さと見なされた子どもは、スタートゾーンからの縦パスは禁止。（じゃまゾーンから）	・学習ノート「守り」の●は相手ボール保持者の進路に立つ。 ・「守り」の◆はパス受けを待つ2人のうちのどちらかをマーク（マークの仕方は図2参照）。	・「攻め」の◎は、防御を外して縦パス。 ・パスをダイレクト又はトラップシュート。 ・審判の判定を記録する。
第4次 8・9	準備・ボール慣れ等・練習・ゲーム・整理運動・片づけの時間配分は2次と同じ、略			
	「菱形②練習」第3次と同じ　3セットできればベター			
	15	「じゃまじゃまサッカー④（攻防切り替え）」 ルール変更 ①防御もシュートゾーンに自由に入れる。 ②シュートはシュートゾーンから。 ③防御が、ボールを奪ったら、逆襲できる。スタートゾーンを越えた地点（図3）でボールを足で押さえたら防御側に4点。 防御が奪ったボールがコート外に出たら、元々の攻めチームが攻撃を再開する。（時間が終了するまで）	・ボールを奪った「防御チーム」はドリブルやパスで攻め上がる。 ・防御にボールを奪われたら、1人が相手ボール保持者の進路に立って、進行速度を遅くする。 ・その間に他の者はじゃまゾーン、スタートゾーンに戻って守る。	・逆襲に対する守りは、 ①時間稼ぎに徹する。 ②「つるべ」（図2）の動きで守る。 ③クリアチャンスを待つ。 学習ノートの記録係の蘭の空白部に、防御の得点を記録する（正の字で表す）
第5次 10・11	準備・ボール慣れ等・練習・ゲーム・整理運動・片づけの時間配分は二次と同じ、略			
	「菱形②練習」第三次と同じ　右回り、左回りそれぞれを3周は確保する。			
	15	「オールコートでのゲーム」 ルール：「4：4」 学習ノートの「◎」の子どもが味方にボールを蹴ってゲーム開始。 「記録」欄の子どもはキーパー、バックを兼任する。（詳しくは第5次の教材を参照）	・攻めの開始時は◎のボールから始める。 ・守りのときは、最初に●がボール保持者のマークに入り、その後は「つるべ」の様に守る。	・視野を広くして攻める。 ・ボール保持者のマークでない者は、①ボール付近の攻防、②パスコースに走り込む相手を観る。
第6次	まとめ（教室）　班会議：①ボール操作の仕方、守り方が理解できたか。②実技（トラップ、パス、シュート、守備ポジション）ができたか。③教え合って学べたか。④サッカー観が変わったか。 全体交流：班の話し合いを交流する			

Ⅳ．事前アンケート

事前に下表のようなアンケートをとる。

名前（　　　　　　　　　　　　　）　男・女
①　サッカーの経験について
　ア．全くない　イ．遊び程度ならある
　ウ．（○年間）習ってた
　エ．（○年間）習ってる
　オ．他のスポーツ（　　　）を習っていた
　カ．他のスポーツ（　　　）を習っている
②　どんなスポーツが好きですか
　ア．全て嫌い　イ．特に好き嫌いはない
　ウ．好きなスポーツ（　　　　）
　エ．やってみたいスポーツ（　　　　）
③　サッカーは好きですか、嫌いですか
　ア．嫌い　イ．どちらでも　ウ．好き
④理由（　　　　　　　　　　　　　　）
⑤休みの日や放課後は何をしていますか
　（複数回答 OK）
　ア．学習塾　イ．習い事　ウ．家でゲーム
　エ．読書　オ．外で一人遊び
　カ．友だちと外で遊ぶ
⑥　⑤でオ、カと答えた人：
　どんな遊び（　　　　　　　　　　　）

Ⅴ. オリエンテーションで確認すること

1.　次の（1）（2）（3）（4）の確認

（1）サッカー学習に対するみんなの「思い」や「ねがい」を共有する

・サッカーが得意な子は、球技経験が浅くて未熟な子の「思い」や「ねがい」を知る。

サッカー経験なしで、強いボール来たら、怖いよなぁ！

やる気がない！と、思っていたが、本当は…うまくなりたいんだ!!

・未熟な子は、得意な子のサッカーへの「情熱」を知る。

わたしがP.C.ゲームで遊んでたとき彼はコツコツ練習を重ねてたんや！

（2）学習内容の説明をする（課題を絞ることや、浮き球禁止ルールのことも伝える）

（3）達成目標の確認と「経験者」のしごと

・「初心者」が目標を達成する！ためには、「経験者」の技量の高まりも必要。

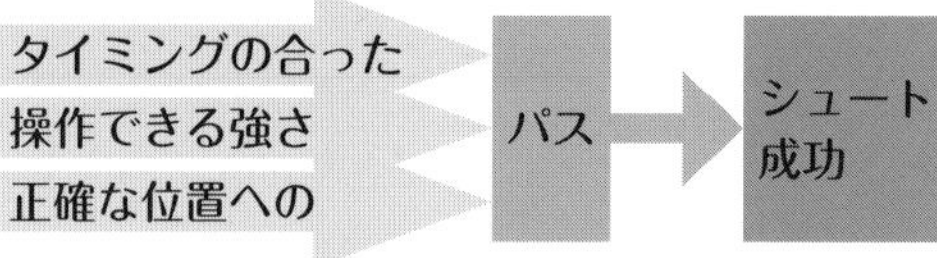

（4）みんなの努力で練習やゲームの時間確保

・練習内容の確認と学習ノートの記入は学習前に済ませておく。

コーチ会議！

学習の節目ではコーチ会議を開き学習内容の確認をする

2.　班の作り方、班長、コーチの決め方

（1）班づくり

4人1チーム、2チームで1つの班とする。

1班・兄弟チームで学習を進める

・どのチームにも、上手な子ども、未経験で体育が苦手な子どももいるようにする。

・子どもの技量に応じてチーム内で記号（A～D）をつける。

アンケートと平素の体育の様子から

技能が一番高い子ども：D
技能が二番目の子ども：B
技能が三番目の子ども：A
技能が四番目の子ども：C

記号は「学習ノート用」として示す。

注意！　ランク付けは公表しない！

・コーチにはDの子どもを
班長には人の意見をよく訊ける子ども

(2) 班長・コーチの仕事

・学習チームノートの準備や整理（記録、感想、質問等）を中心になってみんなで行う。
・ゲームの出場順や練習の方法を事前に確認し合う。
・実技学習の準備・後片づけを中心になって行う。
・アドバイスやチーム員からの質問に対して具体的に指摘したり答えたりする。

説明がわからない

がんばれ！は、何をどう頑張るのかわからない。

教える側が解っていないから！

・学習期間中に、メンバー全員が、インサイドでのトラップ、プッシュパス 50 回、ダイレクトシュート 25 回を左右それぞれ練習する。

絶対上手くなる

VI. 1次「じゃまじゃまサッカー」①とボール操作

・実線は書く。点線は書かない。
・網掛けは書かない。
・ゴールはコーンにバーをつける。

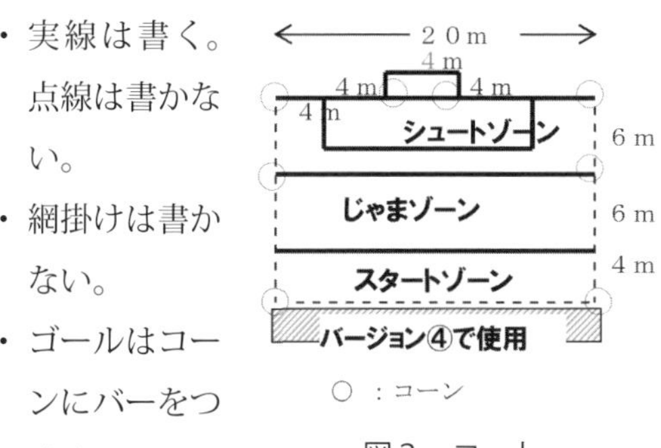

図３　コート

1. 基本（バージョン①）ルール

・攻め３人、守り２人で、攻め全員ボール保持で行う（バージョンで変わる）。
・野球のようにイニング制で、先攻、後攻で４回の攻防を行う。
・１回の攻撃時間は１分 30 秒（可変更）。
・スタートゾーン手前から攻撃をはじめ、シュートゾーンでシュートする。（シュートゾーン以外からは無効）
・時間内は何度でも攻撃でき、得点するか、ボールがコート外に出たら、スタートゾーン手前に戻り再スターとする。
・防御は、じゃまゾーンで守り、相手ボールを奪ったらコート外に蹴り出す。
・ボールが膝より高く上がったら、攻め直し。
・シュートによる得点：枠外２点、ゴール４点。ポストに当たる＝イン、クロスバーに当たる＝枠外、とする。
・攻撃時は学習用ノートの◎、○、□の３人が出て、守りでは●と■が出る。

☆欠席者があるときは、実技前に作り直す。

各イニング終了から次のゲームを早く始めるために、次に出る人（学習用ノート）を読み上げる。

表１　学習用チームノート

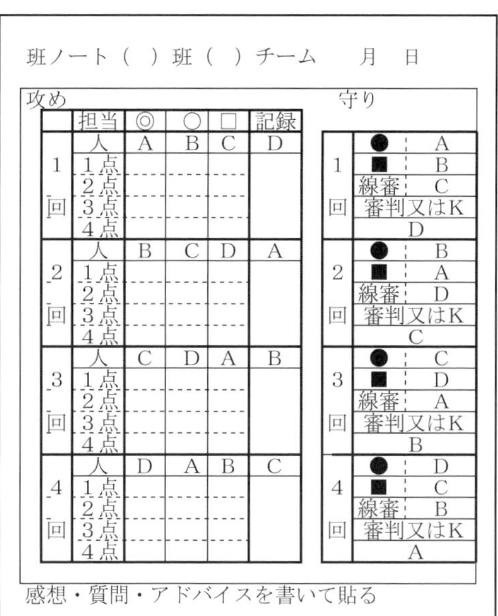

班ノート（　）班（　）チーム　　月　日

攻め

	担当	◎	○	□	記録
1回	人	A	B	C	D
	1点				
	2点				
	3点				
	4点				
2回	人	B	C	D	A
	1点				
	2点				
	3点				
	4点				
3回	人	C	D	A	B
	1点				
	2点				
	3点				
	4点				
4回	人	D	A	B	C
	1点				
	2点				
	3点				
	4点				

守り

1回	●	A
	■	B
	線審	C
	審判又はK	D
2回	●	B
	■	A
	線審	D
	審判又はK	C
3回	●	C
	■	D
	線審	A
	審判又はK	B
4回	●	D
	■	C
	線審	B
	審判又はK	A

感想・質問・アドバイスを書いて貼る

コーチ、班長は、チーム員の感想等を読んでから、感想・意見・アドバイスを記入し、貼り付ける。そして、みんなにまわす。

Ⅶ. １次の練習教材

1. 「ヘビドリブル」＝縦にＡ，Ｂ，Ｃ，Ｄに並んで、先頭のドリブルのまねをする

・10回ボールに触ったら、Ａは最後尾に移動して、Ｂが先頭になる。繰り返す。

ドリブルは、距離より、触る回数が大切

コーチは、足のいろいろな部位でボール触る

2. 「集団ドリブルくやしい」（班８人で）

図４

自分のボールを守りながら、人のボールは外に蹴り出す。

コーチに　「ボールの守り方」教えて！

☆失敗しても！
「くやしい！」と叫んで！ゲーム続行！

Ⅷ. ２次の練習と「じゃまじゃまサッカー」

1. 「じゃまじゃまサッカー②（ボール２個）」

・ボールが１つ減る（学習用ノートの□の子どもはボールなしでゲームを始める）。

・攻め直しの時も、◎、○印の子どものボール保持から始める。

・□印の子どもは「◎」の子どものパスでも「○」の子どものパスでも、もらえる。

2. インサイド「キック」でなく、「プッシュ」なのか！

初心者は「キック！」の意識が強すぎて、（図5）のように、腰が残ります。

図５

・軸足を蹴る方向に向け、ボールの横に踏み込む。

・蹴り足を直角に開き親指をあげて、プッシュ。

図６

☆踏み込みを大きくすると、蹴り足のスピードが増して、強いボールになる！

3. 「菱形①練習」（図７・８）

（1）コートの描き方

・小さい円は菱形の頂点（ポイントを打つ）。

・大きい円（直径 1m）の円を次の説明の様に描く。

・対角線の長さが 12m、7m の菱形の頂点にポイントを打つ。広角（120°）から順に時計の針が回るようにＷ、Ｘ、Ｙ、Ｚとする。

・対角線や菱形の辺は描かない。

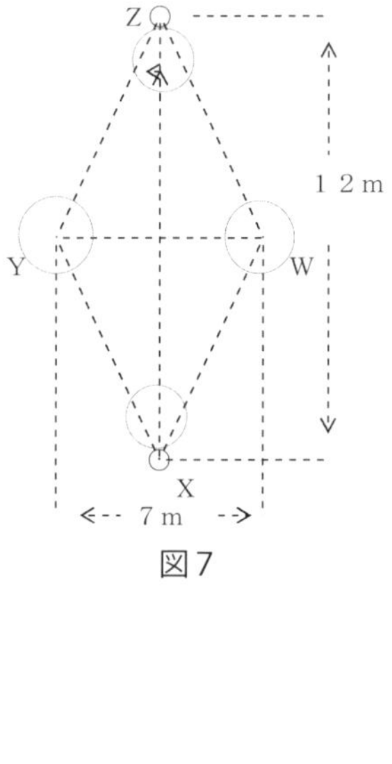

図７

ポイントW、Yを中心に直径 1m の円を描く。

ポイントX、Z地点は、菱形の内側よりに直径 1m の円を描く。

描くのは、4つのポイントと4つの円だけ。

(2) 図の記号と立つ位置

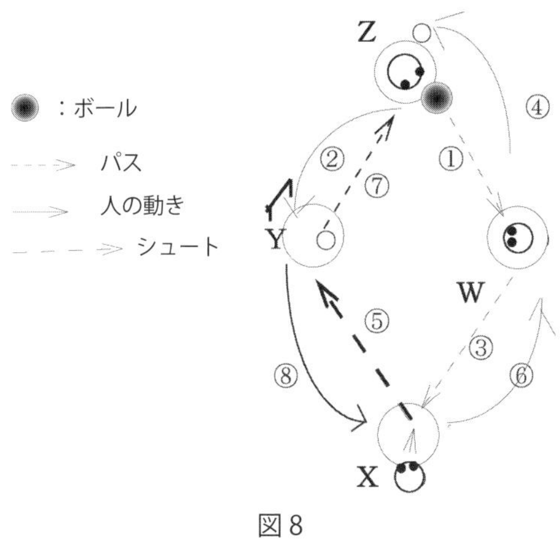

図8

・学習用ノートの「◎、○、□」が練習をして、記録担当の子どもはボールの補充係をする。

(3) 動き方（ボール：時計回り）

・Zのポイントに「◎」、Wのポイントに「○」、Xのポイントに「□」が立って、先ずZの位置の「◎」がWの位置の「○」にパスし、その後Yへ移動する。

・Wの位置の「○」はターンしながらボールをトラップして、Xの「□」にパスし、Zへ移動する。

・「□」は、パスをダイレクトでYに向けてシュートする。Yに移動している「◎」はターンしながらトラップしてZへパスをする。このように、ボールは時計回り、人は反時計回りに動き、2周まわって、「◎」がWへシュートし終えたら、メンバー交代する。

学習ノートの「攻め」の出る順で4回目まで練習。

W、Yポイントからは「ターンからトラップ・パス」、Z、Xからは「ダイレクトシュート」をする。

・ボールの時計回りが終われば、反時計回りをする。X；「◎」、Y：「○」、Zに「□」が立ち、「◎」がYにパスから始める。

(4) ボール操作

・プッシュ・パスは図6を参照。

ターンからのトラップ・パス

図9　時計回り

・右足に重心。左足内側にボールが当たる直前、左足を後ろに引きながら身体をターンして、左足で柔らかくボールをとめる。

・足先を蹴る方向に向け、左足をボールの横に踏み込み、体重移動（軸足指の付け根）しながら、右足でプッシュする。

右後方からのパスをダイレクトシュート

・弧を描きながら右後方のボールも左前方ゴールも視界に入るように走り込み、ボールの進路上に軸（左）足を踏み込む。

・ボールが軸足に当たる直前に蹴り（右）足の内側でヒットする。（図10）

図10　時計回り

Ⅸ．３次の教材

1．「じゃまじゃまサッカー③(ボール１個)」

(1) ルール変更（学習計画表の続き）

・ボールが１つになる。「攻め」の１人がシュートゾーンに入ったら、防御も１人シュートゾーンに入って守ることができる。

・ゴールキーパーをおく（学習ノート「守り」の「審判又はK」の欄の子ども）。キーパーも手を使わず、足でとめる。

・シュートの評価：シュートが、シュートゾーン内防御に当たる＝１点、シュートがゴール枠を外れる＝２点、シュートがキーパーに当たる＝３点、シュート成功＝４点。

(2)「菱形②練習」（チーム練習）（図 11）

・コート：２本の対角線の長さが 10m の正方形で、各頂点をW、X、Y、Zとし、Zの横 5m をVその斜め下をU地点とする。

・X地点に児童A、Y地点に児童B、Z地点に児童Cが入り、V地点にボールを保持したDが入る。

・①DがCにパス。②CがBにパス。③BがCにリターンパス。④Dはリターンパスを観て走りながらU地点で止まる。⑤CはDの動きにタイミングを合わせてW地点へパス。⑥DはWに走り込み⑦Xへシュート。⑧Bゴール前につめる。

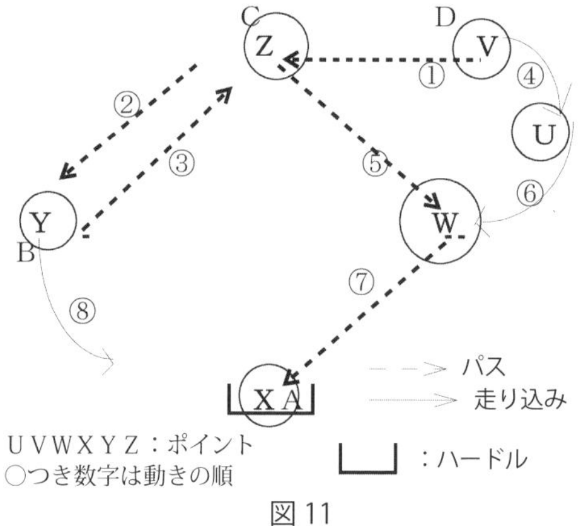

図 11

・次に全員反時計回りに移動（XにB、YにC、ZにD、VにA）して２回目の練習。続いて３回目、４回目で１周となる。２周回り終えたら逆回り練習を２周して１セット。３セットできたらベスト。

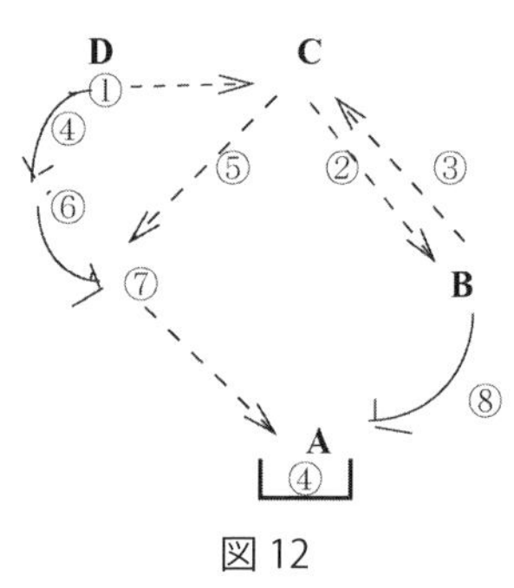

図 12

Ⅹ．４次「じゃまじゃまサッカー④」攻防の切り替えバージョン

ルールは学習計画の４次に記載。

・ボールを奪った「守りチーム」はドリブルやパスで逆襲を試みるのが学習課題。

・ボールを奪われた攻撃チームの防御方法が学習課題。（図 13）

カットされた相手に一番近い「○１」がボール保持者の進路に立ち、進行を遅らせ、身方の戻りを待つ。

残りの者はサポート位置やパスケアに戻る。

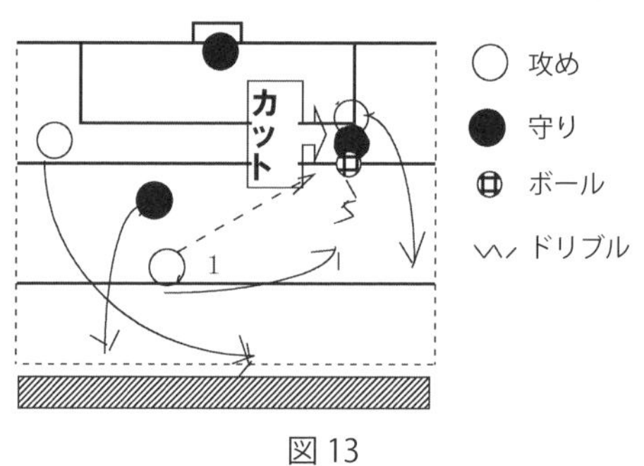

図 13

XI. 5次のオールコートでのゲーム

1. ルール

・同一班の兄弟チームで行う。
・クォーター制で１クォーター３分。
・Ａチームは１回目、３回目にキックオフを行い、Ｂチームは２回目、４回目に行う。
・キックオフは、その回の◎印の子どもが味方にバックパスを出して始める。
・キックオフ時、キッカー以外はスタートゾーンに入らない。
・ゲームは４：４で行う。ノートの記録係のの子どもが手を使えない瞬間「Ｋ」を兼ねる。
・得点は「じゃまじゃまサッカー」の配点。
・コート外のボールは、ボールを出した相手側のキックインで再開する。

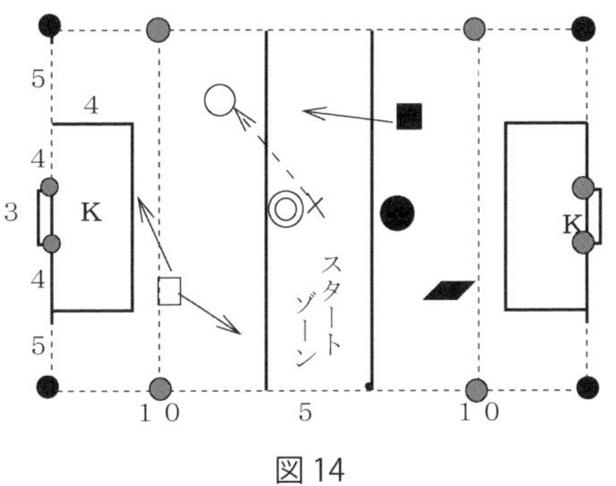

図 14

XII. 6次　まとめ

実技のビデオ撮影が可能なら、鑑賞しながら班会議、全体交流に活用するのも良い。

下記（例）のような「学習後のまとめ・感想」用紙を用意する。

読まれた方は、ゲームのルールが複雑！と思われるだろう。基本的な考え方は、全員にボール操作の機会を与え、防御のプレッシャーを軽減し、自分の意思で「じゃまゾーン」に飛び込むことから始めている。その後、本来のゲームに近づけるスモールステップとしてルールを変更している。その意図を捉えてバージョンを観ていただきたい。実践に際しては、この提案を参考にしつつ、子どもの実態に応じた柔軟な指導に心がけてほしい。

まとめ、感想用紙（　　）班（　　　　）チーム
名前（　　　　　　　　）

1. 学習以前のサッカー経験について
　ア現在もサッカーチーム所属している、
　イ以前所属していた　　ウ全くない。
2. 足のインサイドを使ったパスは上達しましたか
　（　　　　　　　　　　　　）
3. 足のインサイドでダイレクトシュートできましたか。できた人は、どの程度できましたか。
　（　　　　　　　　　　　　）
4. 周りを観ながら、プレーできましたか。
　（　　　　　　　　　　　　）
5. 周りを観るためにどんな工夫をしましたか
　（　　　　　　　　　　　　）
6. ボールを持っていないとき、どうしましたか
　攻め：
　守り：
7. ゲーム・練習を通して、
　パスをよくもらった人　　パスを出した相手
　（　　　　　）　　（　　　　　）
その人のために、その人のボール操作について
　上手い点　　　　上手い点
　課題　　　　　　課題
8. どんなアドバイスをしましたか、してもらいましたか
　（○○に）（　　　　　　　　）
9. サッカーについて思うこと

ボール運動
（バスケットボール）

Ⅰ．教材について

バスケットボールはゴール型ゲームの中でも、比較的コートが狭いため攻守の展開が目まぐるしくとてもスリリングであり、そのため、コートに立つ一人ひとりが豊富な運動量を得やすいゲームである。また、ゴールの位置が高いところにあり、他では味わえないシュートの楽しさがある。さらに、ボールを手で扱うため、比較的ボール操作が易しく、ゴールを目指す過程での意図的な戦術学習が行いやすいという特徴もある。コンビプレーを基本として「どのように動いたらパスを受けて、シュートを決められるか」という原則を学ぶことに適した教材である。

Ⅱ．ねらい

〈できる〉
- コンビプレーによって、パスを受けたりパスを出したりして、最重要空間にボールを運びシュートをすることができる。

〈わかる〉
- コンビプレーによって、パスを受けたりパスを出したりして、最重要空間にボールを運びシュートをする方法が分かる。

〈学び合う〉
- チームの作戦を考え実行する中で、お互いの動きを振り返り、うまくいかなかった原因を探ったり、うまくいくために改善策を話し合ったりすることができる。

Ⅲ．学習の全体計画

	時	ねらい	内容
知る	1	・バスケットボールのやり方やルールが分かる。 ・最重要空間を理解する。	①学習の進め方、学習カードの使い方を知る ②ルールの説明 ③ボール慣れ（腰の周り、頭の周り、足の間を８の字でボールを回す、ジャンプキャッチ） ④シュート調査　→　最重要空間の発見 ⑤試しのゲーム
高める	2 3 4 5	・パス、シュート、キャッチなどの、基本的な動きが身につく。	①ウォーミングアップ ・ボール慣れ ・真上シュート ・２人組でのツーボールパス（１人がバウンドパス、もう１人がチェストパスで同時にボールを相手にパス） ②めあての確認

高める	2 3 4 5	・作戦を立て、その作戦を意識して動く中で、コンビプレーでのパスの出し方、受け方を理解する。 受け方 ○相手から遠ざかる動き ○相手の前に出る動き ⇓ 大きく・素早く動く	③チーム練習 ・2人の攻めの練習　(2：0　2：2) ④ゲームⅰ、ⅱ ⑤振り返り（チーム） 作戦を実行することができたかを話し合う ⑥ゲームⅲ、ⅳ、ⅴ ⑦振り返り（全体） ・めあてに対しての振り返り ・次のめあてを考える
工夫する	6 7 8	・ゲームの中で、今までに学習したことを生かし、より速くパスキャッチ～パスができる。 ・チームの作戦を考え、ボールを運びシュートを決めることができる。	①ウォーミングアップ ・ボールハンドリング（腰の周り、頭の周り、足の間を8の字） ・真上シュート ・2人組でのツーボールパス（1人がバウンドパス、もう1人がチェストパスで同時にボールを相手にパス） ③チーム練習、作戦の確認 ④リーグ戦　　ゲームⅰ、ⅱ、ⅲ ⑤振り返り（チーム） 作戦を実行することができたかを話し合う ⑥リーグ戦　　ゲームⅳ、ⅴ、ⅵ ⑦振り返り（全体）

Ⅳ．授業展開例

1.　第1時

・ボール慣れ

1人1つずつボールを持ち、いろいろなボール慣れを行う（キッズバスケットボールを使用）。

> MIKASA　（品番：SB521-YBR）
> キッズバスケットボール
> 5号、約310g、EVA樹脂
> 軽いが安定していて、表面は柔らかい

ボールの持ち方

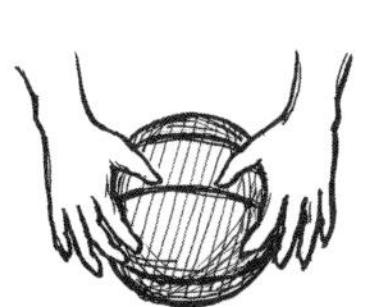

頭回し

胴体回し

足回し

ジャンプキャッチ

・シュート調査

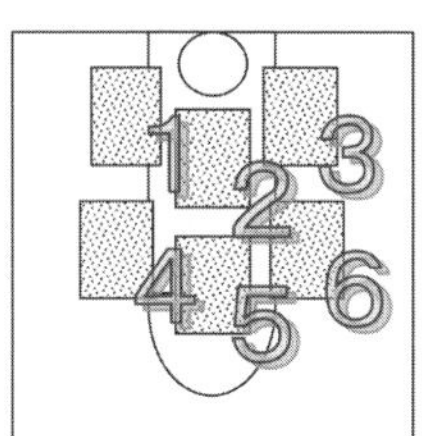

2分間ずつ右の6ヵ所からシュートを打ち、各位置からのシュート成功数と失敗数を数え、どの位置からシュートを打つと成功率が高いかを知る。

その結果、1、2、3の位置、すなわちゴ

ールから近い場所が最もシュートを決めやすい位置（最重要空間）だということを理解する。

・試しのゲーム

　最重要空間からシュートをするということを意識してゲームを行う。

　ゲームのルールを理解する。

2.　2・3・4・5 時間目

・ウォーミングアップ

○真上シュート

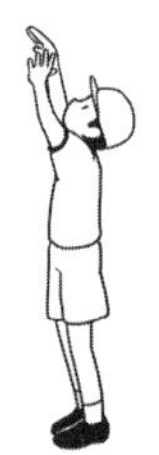

○２人組でのツーボールパス

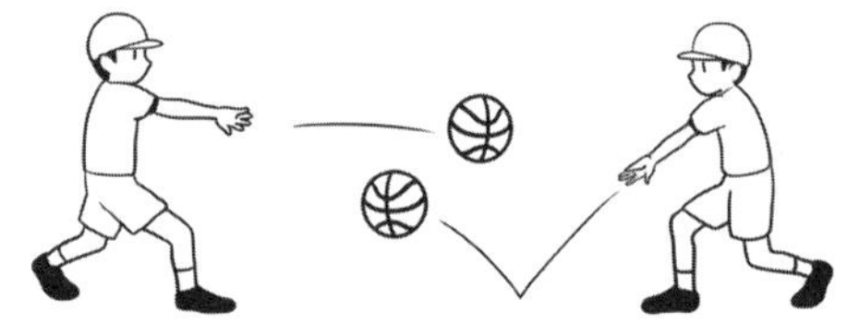

・チーム練習

○２人の攻めの練習　（2：0、2：2）

①Ａがボールを持ち、最重要空間に走り込んだＢにパス。Ｂはシュート。Ａはパスをしたら逆サイドに走り込んでリバウンド。

《指導のポイント》

・2：0は、はじめの位置をいろいろと変えて何度も練習する。
・ボールを持っていない人がゴール下（最重要空間）に走り込み、タイミングを合わせてパスを出す。（人にパスではなく、空間にパスできるように）
・パスを出した人は、必ず逆サイドに走り込む。（リバウンド、リターンパスに備える）

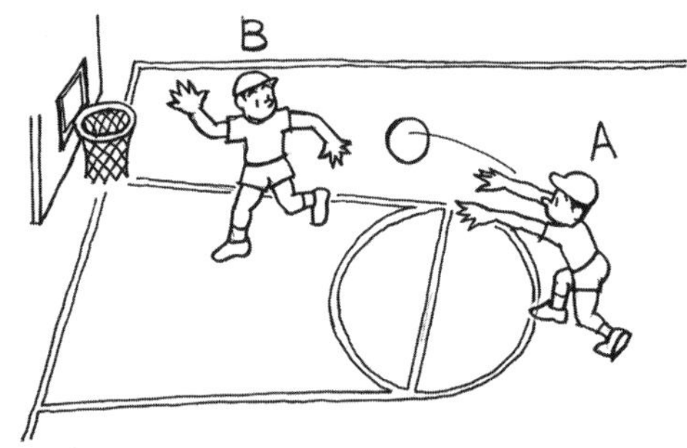

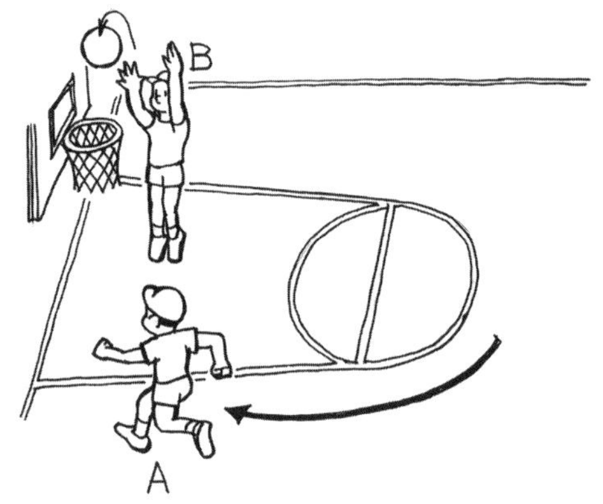

②Ａがボールを持ち、サイドライン付近に走り込んだＢにパス。Ａは最重要空間に走り込み、ＢはＡにパス。Ａはシュート。Ｂはリバウンド。

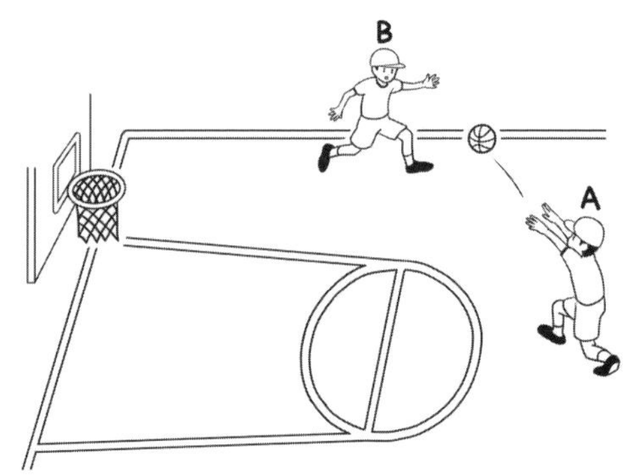

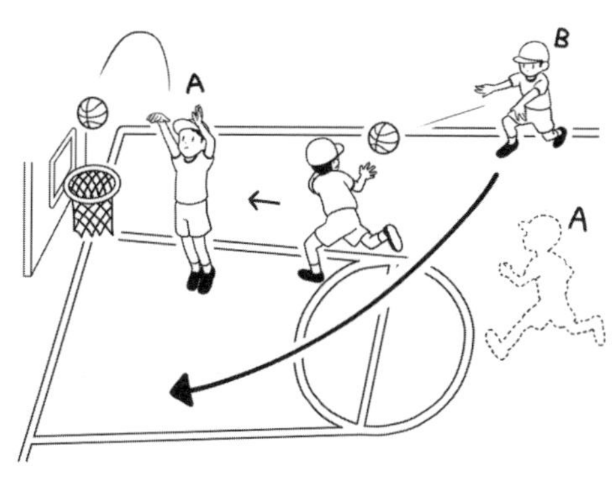

③ A がボールを持ち、フリースローライン付近に走り込んだ B にパス。A は最重要空間に走り込み、B は A にパス。A はシュート。B はリバウンド。

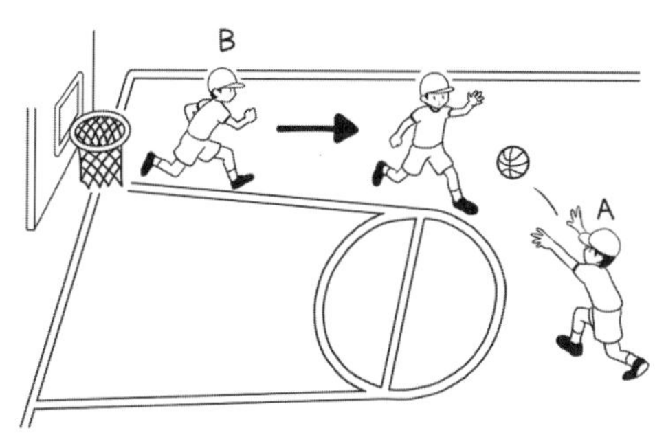

④ 2 人の攻めに守りをつけて行う

はじめは手を使わないで守る

相手の動きには足でついていく

守りの裏に簡単にパスが入る

慣れてきたら手を使って守る

・試しのゲーム、振り返り

○ルールの例

- 1チーム3人
- ボールを保持して3歩以上は歩けない
- ファウルをしたら相手ボール
- 得点、審判はゲームを行っていないチームが行う。
- ドリブル禁止（振り切ってボールを受けることに焦点化させたい場合）

○ゲーム⇔振り返り

作戦を実行させることを徹底的に意識させる。作戦は矢印で具体的にどこからどこに動くかを書き込むことによって苦手な児童も「どこに動いてよいかわからない」といった状態を緩和できる。

《指導のポイント》

作戦を意識して実行したにもかかわらずうまくいかなかったチームを取り上げて、その原因を考える。授業終了後に映像を確認して、原因を気づかせることも有効である。動く場所（スペース）と動く速さ（タイミング）に原因がある。

まず、2つの動き方を行えば、相手を振り切れるということを教える。（その動きをしている子どもの映像を見せて、気づかせる）

①相手から遠ざかる動き

②相手の前に出る動き

この上で、これらの動き方を意識しているがまだうまくいかないというチーム、個人を取り上げ、その原因を考えさせる。

作戦通りに（矢印をなぞる形で）動いたのに、ボールがつながらない！

×素早く動いていないため、守備者についてこられてしまう

⇩

○緩急をつけながら素早く動くことで、守備者を振り切る

×動きが小さく（動く範囲が狭く）、守備者についてこられてしまう

⇩

○大きく動き（動く範囲を広く）、守備者を振り切る

3. 第6・7・8時

・リーグ戦

あらかじめチームごとに決めておいた係分担にしたがって、ゲーム進行表、賞状やトロフィー、メダルなどを用意し、リーグ戦の雰囲気を盛り上げる。ただし、あくまでも学んだことを生かす場だということを子どもに伝える。

学んだことを意識できるように模造紙などに、これまでの学習の経過を記し、掲示し授業の初めに確認する。

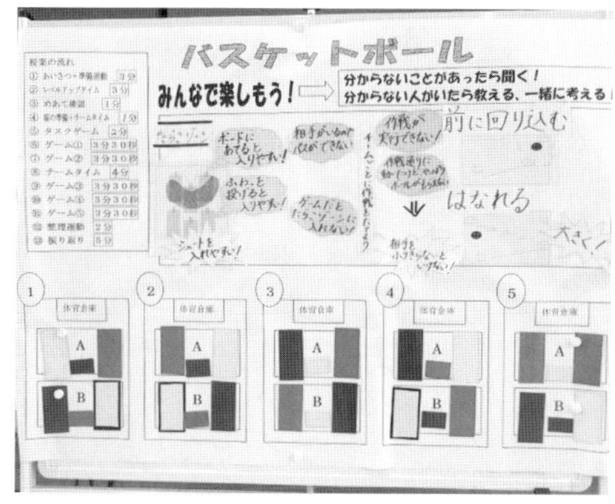

V. 評価

〈できる〉

・コンビプレーによって、パスを受けたりパスを出したりして、最重要空間にボールを運びシュートをすることができる。

> 意図的な戦術行動（相手から遠ざかる動き、相手の前に出る動き、スペースにパスを出すリードパス、フェイントを使った動き、など）が増えているかどうかを調べる。

〈わかる〉

・コンビプレーによって、パスを受けたりパ

スを出したりして、最重要空間にボールを運びシュートをする方法がわかる。

記述調査を行い、図と言葉で相手を振り切るために行うことに関する理解を調べ評価に活かす。

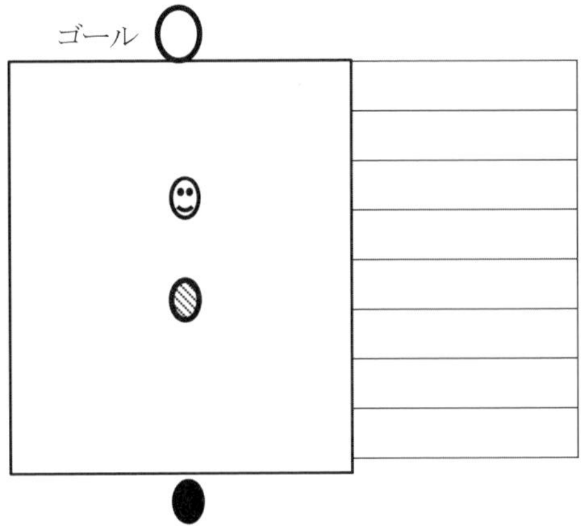

☺がどのように守備者を振り切り●からパスを受けることができるかを矢印で記述する。

また、その説明を右の記述欄に書く。

〈学び合う〉

・チームの作戦を考え実行する中で、お互いの動きを振り返り、うまくいかなかった原因を探ったり、うまくいくために改善策を話し合ったりすることができる。

Ⅵ．まとめ

ボールゲームは子どもたちの振り返りが難しいため、思考を促しても、その考えや実行したことが「できていたのか」「正しかったのか」を子どもたち自身で判断しづらい。また、教師もそれを見取り評価することが困難である。だからこそ、「どうしたらボールがもらえるのか」という動き方の原則を共有し、具体的な動きの質に焦点を当てて学び合いを行わせたい。そうすることで、子どもたちだけではなく、教師もより的確な見取りから言葉かけを行うことができ、評価につなげることができる。

ボール運動
（ホールディングバレーボール）

Ⅰ．教材について

小学校体育のボール運動の領域は、攻防の特徴から、「ゴール型」「ネット型」「ベースボール型」の３つの型に分けられている。

ネット型ゲームは、攻防が入り乱れないため、コンビネーションプレーや作戦・戦術を学習させることに焦点を絞ることができる。

しかし、バレーボールのようなゲームをさせようとしても、サーブが入らない。たとえサーブが入ってもレシーブがうまくいかず、ボールがどこかへ飛んでいってしまう。ラリーが続かず、コートの中で立っているだけ。結局、敬遠されてしまっているのが現状ではないだろうか。

ホールディングバレーボールは、ホールディングを許容することで、本来学ばせたい意図的なプレーを可能にし、バレーボール独自の戦術的な攻防を楽しめるようにした教材である。高学年では、ラリーの中に意図的な攻撃や攻防のかけひきがあるバレーボールの楽しさを、たっぷり味わわせたいものである。

1.　ゲームの方法やルール

☆得点をしたチームのサーブで始める。
☆サーブは、対角線の人に下投げで入れる。
☆３人が１回ずつさわって返す。（最初の人＝レシーバー、次の人＝セッター、最後の人＝アタッカー）
☆ホールディング（持つの）は「いーち」（持ちかえたり、方向をかえたりしない。１歩以上歩かない。）
☆得点は次のときに、相手に１点入る。
・３回で相手チームに返せないとき
・相手チームのコートの外に出たとき
・相手チームから返ってきたボールをノーバウンドで取れなかったとき
☆得点が入ったらポジションをかわる（ローテーション）。
☆審判は、セルフジャッジで行う。

2.　用具やコート

☆ボールは小学生用バレーボール
☆ネットの高さは 160 ㎝程度
＊最も背の低い子がジャンプして前腕の真ん中が出る高さ。
☆コートはバトミントンコート
横 5m、縦 12m（片面６ｍ）

3.　ポジションとローテーション

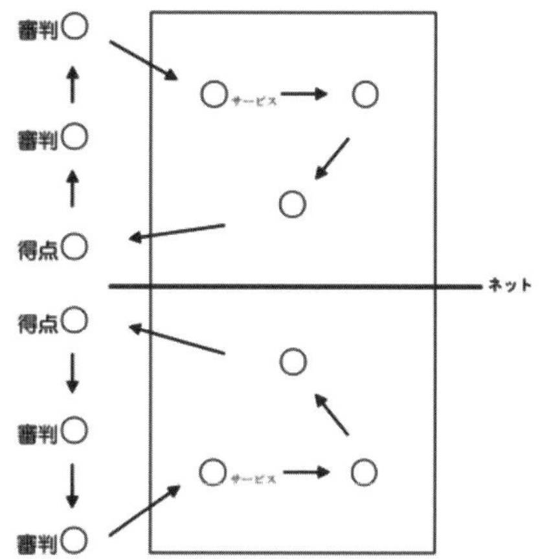

4.　ホールディング（持つの）は「いーち」

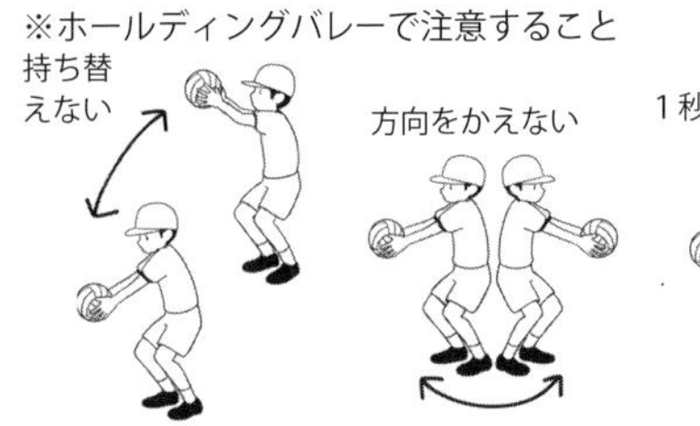

II．ねらい

〈わかる〉

・３：３と４：４の攻めや守りの有効なフォーメーションの原則（特に、三角形のバランスを取りながら動く）がわかる。

・意図的にスペースをねらうアタックの方法や、２人の攻撃をどう使うかというコンビネーションプレーを考えることができる。

〈できる〉

・ラリーの中に、意図的な攻撃（ジャンプ両手アタック）を含むゲームができる。

・相手とのかけひきで、作戦を考えて攻めたり守ったりすることができる。

・２人の攻撃をどう使うかというコンビネーションプレーを考え、みんなが役割を果たして攻撃することができる。

〈学び合う〉

・発問やゲーム記録・分析や感想文から学習課題をつかみ、みんなで考え、教え合って学習することができる。

III．学習の全体計画

時	ね　ら　い	学　習　内　容
１時 ２時	**オリエンテーション** 学習のめあてや学習の進め方を知ろう。 準備・後片づけ、感覚づくり（準備運動）の仕方を知ろう。 ３：３ためしのゲーム（ジャンプ両手アタックをしてもよい）をしてゲームの進め方を知ろう。	**ホールディングバレーの学習を始めるにあたって** 学習のねらい、学習の進め方、役割を決める。 ネットの張り方などの準備や後片づけの仕方を知る。 感覚づくり（準備運動）の仕方を知る。 ゲームの進め方を知る。 ルールやローテーションの方法を知る。
３時 ４時	**３：３の攻めの学習** 相手コートの空いているスペースをねらってジャンプ両手アタックをしよう。	**意図的なジャンプ両手アタックの学習** 発問**「相手コートのどこに落とせば得点できるのだろうか？」** ゲーム記録（アタック決定位置調査）から、相手コートの空いたスペースをねらうことがわかる。 ネット際、人と人の間、サイドライン・エンドライン際をねらったアタック練習をする。 意図的なアタックを打つためのトスの大切さに気づく。 発問**「みんながアタックポイントできているだろうか？」** アタック調査（アタック数とポイント数）から、みんなが意図的な攻撃ができているかに着目する。 アタック調査から、アタックポイントが少ない子の習熟練習をして、みんながポイントできるようにする。

5時 6時 7時	**3：3の守りの学習** 相手のねらいどころを守る基本フォーメーションの学習をしよう。	**フォーメーションの原則（三角形のバランスを取りながら動く）学習** 発問**「どこでポイントされているのだろうか？」** ゲーム記録（アタック落下位置調査）から、どこでポイントされているのかがわかる。 発問**「どう守ったらよいのでしょうか？」** 空いたスペース（ねらわれどころ）をどう守ればよいかがわかる。 「アタッカーに正対する構え」「守る場所・空間の分担（三角形のつくり方）」「相手のねらいどころの予測」をして、三角形のバランスを取りながら動けるようにする。 守りの学習と並行して攻めの学習を深める。
8時 9時 10時	**4：4の攻防練習** 4：4のゲームのルールや方法を知ろう。 4人の典型フォーメーションの学習をしよう。	**3：3の攻防を発展させた4：4の攻防学習** 4：4のゲームのルールと典型フォーメーションを知る。 ブロック練習をする。 4人の攻めの組み立てを考えて練習する。 ブロッカーを入れたレシーブフォーメーションの学習をする。 確かめのゲームをする。
11時 12時	**グループでの総合練習** グループ目標を達成するための学習計画（練習計画）を立て、自主的に取り組もう。	**グループで学習計画（練習計画）を立てる** 三角形のバランスを取りながら空間をうめる守りのフォーメーションを固める。 守りから攻めへの切りかえができる。 発問**「どんなゲームをめざすのか？」** 目標を明確にして、それを確かめるゲーム記録を考える。
13時 14時 15時	**まとめ（リーグ戦）** リーグ戦をして、学習のまとめをしよう。	**グループ目標の達成をめざしてのゲーム** ゲーム記録から達成状況を確かめながらゲームをする。 まとめの感想（学んだこと）を書く。

Ⅳ. 授業の流れ

1. 第1回　オリエンテーション①

（1）本時のねらい

学習のめあてや学習の進め方を知る。

（2）本時の流れ

①ホールディングバレーボールのゲームのイメージをつかむ（映像を観せるとよい）。

②学習のめあてや学習の進め方を知る。

・能力の違う異質グループで学習する。

・できたことやわかったことを、書いたり話し合ったりする。

・課題（できないこと、わからないこと）を出し合い、みんなで解決していく（うまくなる、わかる）。

③ペア決めや役割分担をする。

2. 第2回　オリエンテーション②

（1）本時のねらい

・準備・後片づけ、感覚づくり（準備運動）の仕方がわかる。

・3：3のためしのゲームをして、ゲームの進め方がわかる。

(2) 本時の流れ

①ネットの張り方や片づけ方を知る。

・ネットの高さとコートの大きさについては、「Ⅰ．教材について」に記述。

②用具（ボール、ビブス、得点板など）の準備や片づけ方を知る。

③感覚づくり（準備運動）の仕方を知る。

＊アンダーハンドパスからのジャンプキャッチ

☆指導のポイント

目線より上のボールを見て動くことは難しいため、感覚づくりを通して、空中での身体操作（ボディーコントロール）能力や空間認識を育てる。アンダーハンドパスは、相手の身長の２倍程度の頭上にそっと上げる。ボールの高さやスピードに合わせて、ジャンプの最高点でボールをキャッチできるようにする。

＊オーバーハンドパスからのゆさぶりキャッチ

☆指導のポイント

ボールの軌跡から落下位置を素早く予測、判断する能力を身につける。

ネット際の人が、相手の左右前後にオーバーハンドパスをする。落下地点（ボールの正面）に素早く入り、キャッチ後すぐにネット際のペアに返球する。

＊ホールディングオーバーパス
（おにぎりばんざいパス）

☆指導のポイント

おでこの前で三角形を作る。指の第２関節まででしっかりと握り、手のひらはボールにつけない。ホールディングしたボールを万歳するように上にふわっとパスする。膝の曲げ伸ばしを利用する。ネットを挟んで行う。

・ホールディングオーバーパスからのジャンプキャッチ

・ホールディングオーバーパスからのジャンプ両手アタック（真下に落とす）

④３：３のためしのゲームをする。

・ルールやローテーションの方法は、「Ⅰ．教材について」に記述。

・ポジションは鏡になるので、どちらのコートでもできるようにする。

3.　第３・４回　３：３の攻めの学習

(1) 本時のねらい

相手コートの空いているスペースをねらってジャンプ両手アタックでポイントすることができる。

(2) 本時の流れ

①感覚づくり（準備運動）

・横からのトス→アタック（打ち分ける）を加える。

②アタック決定位置を調べる。

発問「相手コートのどこに落とせば得点できるのだろうか？」

・ゲーム記録（アタック決定位置調査）を取る。

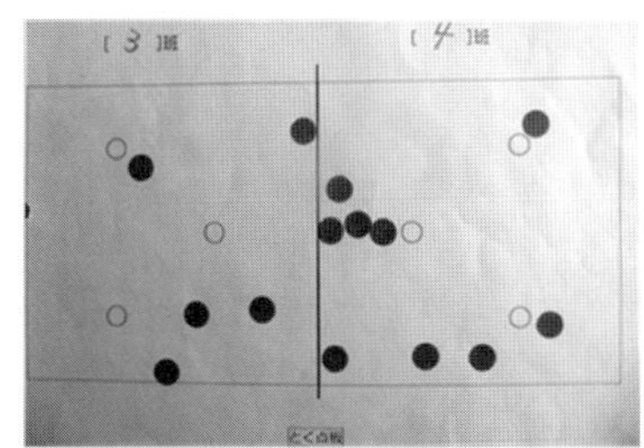

＊アタックが決まった位置にシールをはる。

・ゲーム記録を分析して、アタックのねらいどころ（相手コートの空いたスペース＝ネット際、人と人の間、サイドライン・エンドライン際）がわかる。

③相手コートの空いているスペースをねらったジャンプ両手アタック練習をする。

☆指導のポイント

ねらいどころにフラフープを置いて、意図的なアタックができるようにする。また、意図的なアタックができるには、その前のトス（場所・高さ・速さ）が大切であることに気づかせる。練習の成果をミニゲームで確かめる。

④アタック調査（アタック数とポイント数）をする。

発問「みんながアタックポイントできているだろうか？」

・ゲーム記録（アタック数とポイント数）を取る。

名前	アタック数	集計	アタックポイント数	集計	ポイント率
	正	5	一	1	20% 1/5 %
	下下	6	正一	6	100% 6/6 %
	正T	7	正	5	71% 5/7 %
	T一	3	一	1	33% 1/3 %
	正	4	正	4	100% 4/4 %

＊アタック数とアタックポイント数を正の字で記録する。

・ゲーム分析をして、みんなが意図的な攻撃ができているかに着目する。

⑤アタック調査から、アタックポイントが少ない子の習熟練習をして、みんながポイントできるようにする。

4. 第５〜７回　3：3の守りの学習

（1）本時のねらい

相手のねらいどころを守る基本フォーメーションがわかる。

（2）本時の流れ

①感覚づくり（準備運動）

②空いているスペースをねらってくるジャンプ両手アタックを取るには、どのように守ったらよいかを考える。

発問「どこでポイントされているのだろうか？」

・ゲーム記録（アタック決定位置調査）を取る。

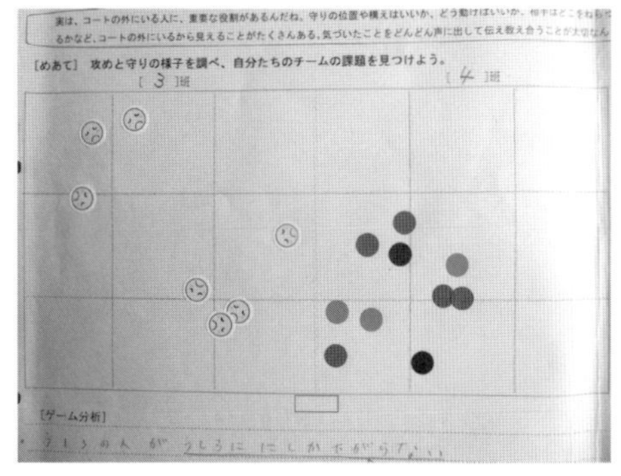

＊得点された場所（自分たちのコート）にシールをはる。
＊得点した場所（相手コート）にもシールをはる。例えば、1番…赤、2番…青、3番…黄、4番…緑、5番…むらさきなどのように色分けすると、だれがどこでどれぐらいポイントしているかもわかる。

・ゲーム分析をして、どこでポイントしたりされたりしているかを知る。

発問「どう守ったらよいのでしょうか？」

・「アタッカーに正対して腰を低くして構える」「守る場所・空間を分担する」「相手がねらってくるところを予測して動く」とよいことに気づく。

・守りのフォーメーションの原則は、相手のアタックの位置に合わせて三角形のバランスをとりながら動き、効率よく空間をうめることに気づく。

右からの攻めに対する守りのフォーメーション（三角形をつくる）

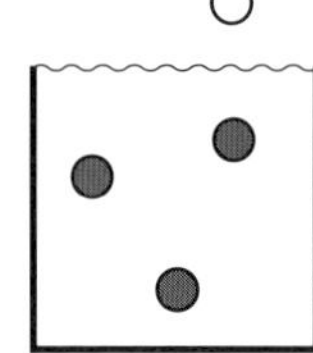

③守りのフォーメーション練習とたしかめのゲームをする。

5.　第８～10回　4：4の攻防練習

(1)　本時のねらい

・４対４のゲームのルールや方法がわかる

・４人の典型フォーメーションがわかる。

・２人の攻めをどう組み立てるか（コンビネーションプレー）を考え、みんなが役割を果たして攻めることができる。

(2)　本時の流れ

①感覚づくり（準備運動）

②４：４のためしのゲームをする。

・ブロックでさわっても１回にカウントしない。

・３回（レシーブ→トス→アタック）で相手に返すのは今までと同じ。

・ローテーションやサービスも今までと同じ。

・サービスは後ろの人に入れる。

ダイヤモンド型フォーメーション

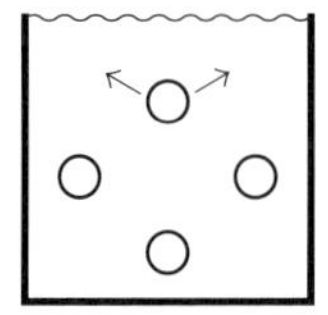

右からの攻めに対する４人の守りのフォーメーション

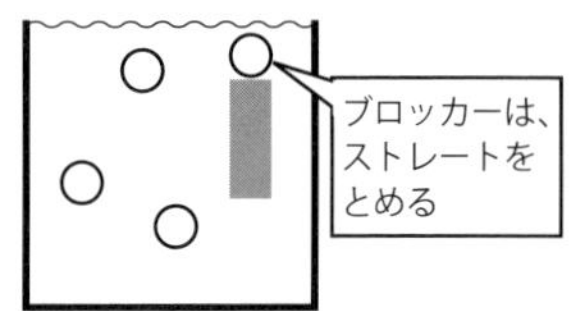

☆指導のポイント

ダイヤモンド型のフォーメーションで、ネット際にいるプレーヤーが両サイドのアタックをブロックする。ネット際のプレーヤーはセッター役にもなる。

③ブロックの練習をする。

☆指導のポイント

手を耳の横にして、相手が跳ぶのと同時に跳ぶ。初めは、相手の真正面でストレートをとめる。

④４人の攻めの組み立て（誰がレシーブしたら、次に誰にボールを回して、アタックにつなげていくのか）を考えて練習する。

⑤ブロッカーとレシーブフォーメーションの関係を考え、アタッカーの位置に合わせて動けるように練習する。

☆指導のポイント

ブロックを入れることで、①いるだけでアタッカーにプレッシャーを与えることができる②アタックのコースを制限することができる③強いアタックを阻止することができることに気づかせる。

⑥確かめのゲームをする。

・ゲーム記録を取って、攻防練習の成果と課題をつかむ。

6.　第 11・12 回　グループ総合練習

(1) 本時のねらい

グループ目標を達成するための学習計画を立て、練習に自主的に取り組む。

(2) 本時の流れ

①グループの目標を話し合って決める。

発問「どんなゲームをめざすのか？」

②グループで学習計画（練習計画）を立てる。

グループ学習（練習）計画表の例

学習（練習）計画表　[　　班]

今日のねらい（目標）

時間	練習のねらい・内容	練習方法や説明
5分	準備、準備運動（感覚づくり）	準備が終わったら、早めにチーム練習に入ってもよい。
30分		
5分	確かめのゲーム	
5分	ふり返り	

フォーメーションや練習方法の図（説明も書き込む）

ふり返り

個人感想

③学習計画に従って練習する。

☆指導のポイント

「計画・実践・総括」のサイクルを意識させる。

グループの目標を達成するための練習内容になっているかを確認する。［計画］

練習成果があがる効率の良い練習方法になっているかを指導する。［実践］

ゲーム記録で目標達成状況を分析し、課題を明確にして次の練習内容を考える。［総括］

④チームの目標を確かめるためのゲーム記録を考える。

ゲーム記録例①

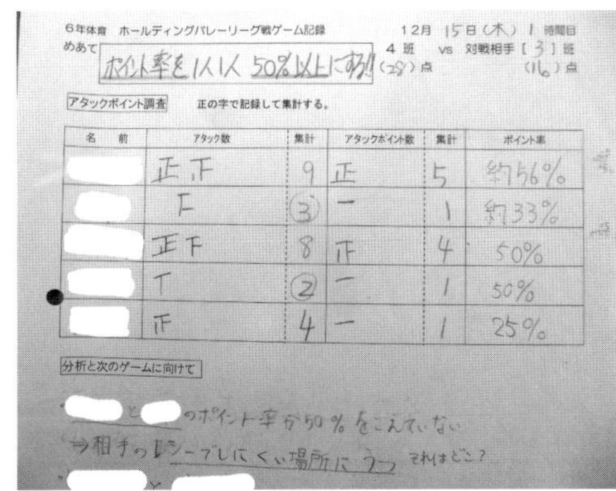

6年体育　ホールディングバレーリーグ戦ゲーム記録　12月 15日（木） 1 時間目

めあて　ポイント率を1人1人 50%以上にする!!　4 班（28）点　vs　対戦相手［3］班（16）点

アタックポイント調査　正の字で記録して集計する。

名前	アタック数	集計	アタックポイント数	集計	ポイント率
	正 正	9	正	5	約56%
	下	③	一	1	約33%
	正 下	8	正	4	50%
	丁	②	一	1	50%
	正	4	一	1	25%

分析と次のゲームに向けて

・　と　のポイント率が50%をこえていない

⇒相手のレシーブしにくい場所にうつ　それはどこ？

＊みんながアタックポイント 50%以上をめざして、アタックポイント調査をし、達成できていない子を知る。

ゲーム記録例②

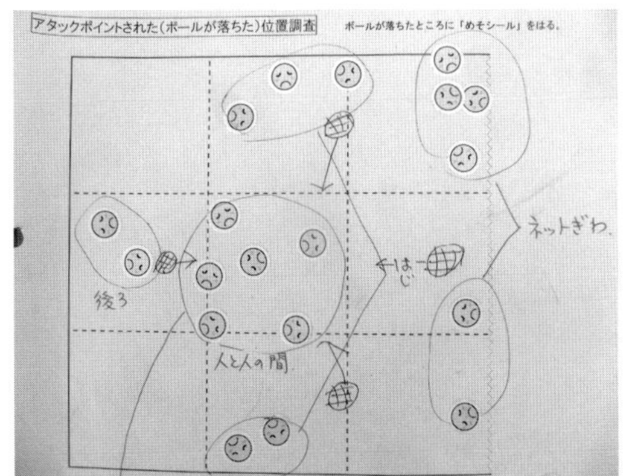

＊守備を強くすることをめざして、アタックポイントされた位置を調べ、どこが守備の弱点かを知る。

7.　第 13 〜 15 回　まとめ（リーグ戦）

⑴ 本時のねらい

リーグ戦をして、学習のまとめをする。

⑵ 本時の流れ

①ゲーム記録を取りながらゲームをする。

②ゲーム記録を分析して、成果と課題を話し合う。

③まとめの感想（学んだこと）を書く。

Ⅴ．評価

ねらいがどれぐらい達成できたかを評価したい。評価の方法は、〈できる〉については、ゲームなどを撮影した映像やゲーム記録分析から、〈わかる〉は、授業後の個人感想文や話し合いでの発言などから、〈学び合う〉は、グループ学習での教え合いの様子などから評価できる。

［授業づくりの視点解説］

本稿で紹介されている授業プランには､「できない子」を含めた学び合いのための仕掛けがあります。まず､「トスからのアタック（コンビネーションプレー）」に着目していることです。これにより、アタックが打てないのは「できない子」の課題だけではなく、トスをあげる子の課題にもなっていきます。また、ゲーム記録によってみんなが納得して課題を理解できるとともに、「できない子」の課題を、チームの課題としてグループに引き取らせることが可能となります。こうして、球技で学習する戦術や技術の集団的・協同的な特性をふまえることで､「できない子」（仲間）を大切にしながら、自分たちで課題を解決する学習をつくることができるのです。また、攻撃と防御の関係から習熟課題を理解することや、ゲーム記録を活用して「自分たちの課題を自分たちで解決する」ことは、学校を卒業しても運動を楽しむことができます。そして、スポーツの自治へとつながる学びとなっていきます。

表現運動
（ダンス）

Ⅰ．教材について

1.　小学校での表現運動の取り扱い

新学習指導要領では、高学年の表現運動は「表現」と「フォークダンス」で内容が構成されているが、「学校や地域の実態に応じてリズムダンスを加えて指導することができる」となっている。

2.　同志会の舞踊教材

同志会では1960年代から中学・高校のダンス授業を中心に舞踊教育研究が始まった。創作ダンス一辺倒だった当時の舞踊教育を批判し、いち早く民舞の教材価値に注目し、学校体育で学ばせたい舞踊教材として位置づけた。それ以来、創作ダンス（表現）と民舞を同志会舞踊研究の柱としてきた。

このような経過から、「新みんなが輝く体育」シリーズでは創作ダンスと民舞を取り上げる。また、舞踊教材の場合、各学年の課題はあるものの、学習の全体像を示す方が重要であると考え、中学年では民舞教材、高学年では表現教材を扱うことにした。学年が違っても基本的な考え方は同じなので、民舞教材については、中学年の巻を参照いただきたい。

3.　高学年の子どもと表現運動

高学年は10歳頃から二次性徴が始まり、体の変化が顕著になるとともに思春期に入る。身体面と精神面の発達がアンバランスな時期で、思ったことを素直に表現することを恥ずかしがる子どもも多くなってくる。一方、体力・運動能力が充実してきて、よりエネルギッシュに動いて楽しさや喜びを味わったり、反対に自分の身体の様々な部位に意識を向けて、じっくりと動くことの面白さを味わったりすることができるようになってくる。感受性が高まることで、それぞれのより個性的な表現を模索したり、生み出そうとしたりする欲求が高まる時期でもある。

友だちの関わりも深くなるこの時期は、教師からの働きかけだけでなく、友だち同士の学び合う力もついてくる。グループ学習を通して、みんなで目標に向かうことで、より成就感や達成感を得ることができる。

4.　指導過程

ここでは、思春期の子どもに限らず自分のからだを自在に使うことに困難さを抱えている子どもたちへの導入として、人に見られるということを意識せずに自分のからだを開発していくような活動を提示する。

筋肉を使ってからだを動かすという感覚ではなく、内面で自己のからだを感じ、1つ1つの部分を内側からの意識で動かすようにさせたい。これによって、形（ポーズ・フォルム）をつくろうとする迷いや恥ずかしさから解放することができると考える。結果的に、伸びやかで個性豊かな面白い動きが生み出せていくであろう。

また、指導要領でいうリズムダンスのよう

な現代的なリズムに合わせて「振付」を覚えるダンス活動は、ダンスに慣れ、リズムに乗って動く楽しさを味わう機会にはなるものの、自己の内面から発生する動きを発見する前に、ダンスとはこういうものだという固定的なイメージを定着させ、うまい下手の価値を決めてしまいかねない面もある。よって、ここで取り扱うことはしていない。

「リズム」に関しては広く一般に、８拍という４拍子２小節のかたまりで動きを当てはめるのが一般的である。これによって、くり返しやフレーズの感覚・起承転結の感覚はつかめる。しかし、内面から生まれた動きは既存の拍子では収まりきらない自由リズムの場合が多い。固定的な拍子にあてはめず動きそのもののリズムを感じられる学習を組んでいきたい。

ダンスを「創る」ための手立てには数多くの方法があり、様々な場面で工夫が行われている。音楽や音のリズムを動きの呼び水として使い、それに合わせて動いてみたり、ストーリーに合わせて動きを考えたり、物や事や絵画やオノマトペを動きで表してみたりして、動きを引き出す方法は無限にある。

同志会では、頭で（言葉で）動きはつくれないとの認識から、まずは自己のからだに焦点を当て、「からだのしくみと動きの成り立ち」を学ぶことを学習の基本としてきた。その上で、見た目の形を追うのではなく、内面からの動きの生み出しができることを実践の中で検証してきた。

ダンスの「創作」の学習では、事象や心情などをテーマとして表現することが求められることが多いが、小学生高学年の段階では、無理にテーマへの追及に進むことはしない。発生した動きがマイムやしぐさ、一般的にみられる既成の振付･手真似で終わることなく、子ども自身の、心とからだに正直な動きを引き出し、大切にすることから出発させたい。

しかし、生み出された動きをある程度のまとまりをもった「フレーズ」に仕上げる過程は、その後の作品つくりの基礎として、必要な学習と考えられる。

そこで本稿では、生み出された動きを効果的に見せる工夫や、次のフレーズに展開するためのヒントも合わせて紹介する。

これを活用することによって、「創作ダンス」ばかりでなく「民舞」や「現代的なリズムのダンス」さらには運動会演技種目や応援ダンス・チアダンスなど、多くの場面で、見せたいこと、伝えたいことを効果的に表現できる構成の助けになるであろう。

指導計画

次	時	内容	ねらい	活動
1	①②	からだを意識して動かす。	自分のからだに気づく。	『からだの冒険』
2	③④	他者と動く。他者の動きを見る。	仲間を感じる。	『からだで話そう』
3	⑤ ⑥	場所を移動する	空間を感じる。自分と空間、他者との距離を理解。	『動きを広げよう』
4	⑦	動きを変化・発展させる。	時間を感じる。動きのリズムをつかむ。	『動きを変化させよう』
	⑧	動きをまとめる。	動きの「かたまり」（フレーズ）を感じる。	『動きのまとまりをつくろう』

Ⅱ．ねらい

〈できる〉

・自分のからだを感じながらコントロールして、いろいろな動きを生み出す。

〈わかる〉

・自分のからだの動かし方がわかる。
・空間やリズムを構成することができる。

〈学び合う〉

・仲間の動きを見て、自分の動きの範囲を広げたり、仲間を感じながらともに動きを作り出したりすることができる。

Ⅲ．学習の全体計画

からだに気づき、からだを感じながら、自分のからだの可動範囲を広げる第１次、他者を感じ他者と関わり合いながら、動きを広げる第２次、空間を感じ、空間の構成につなげる第３次、動きを発展させ、一連の動きをひとかたまりのものへと構成する第４次の４つの段階で計画した。しかし、現実には連続して８時間をとることは困難なことが多い。

第１・２次は、毎時間の準備運動として、教室でのゲームとしても行うことが可能である。前頁の表の内容のどれか１時間分を一度でも経験できれば、その後は、折に触れ必要なワークを他種目の中におりこむこともできる。新学習指導要領の「体つくり運動」と重なる内容でもあるので、その領域で取り扱うこともできる。提示した例は、ほんの一例であり、日常的には数えきれないワークがあるので、それぞれが工夫して行えるとよい。

Ⅳ．授業の流れ

1.　授業プラン第１次　『からだの冒険』（1時〜２時）

（1）本時のねらい

・自分のからだに意識を集中させて動く。

（2）授業の流れ

◎からだに気づくワークをする。（足裏・背中・背骨を意識する・からだの可動範囲を広げる）

○「呼吸」…仰向けに寝そべり、脱力する。床にからだが接しているか確かめる。（後頭部・肩・背中・腰・尻・大腿部・下腿部…）

深く呼吸をして、からだ全体に空気をめぐらせる。自分のからだのどこを強く感じられるか、センサーを働かせてみる。

○「脱力ゆらし」…脱力して仰向けになり、からだを人にゆらしてもらう。ペアの人は、寝ている人の足の親指の先をつまんで小さくゆする。ゆっくりと波を送る。

○「ゆったりねこちゃん体操」…ゆっくりとしたペースで行い、背中を丸める「フー」の時に背骨（頸椎７胸椎 12 腰椎 5）を、首の方から１本１本上へ引っぱりあげられていく感覚を大切にしながら背中を丸める。

「ハー」の時も尾骨の方から１本１本下へ落としていく感覚を確かめ、最後に肩甲骨を寄せていく。逆の順番でも行う。

○「背骨への意識を順に送るブリッジ」…１つ１つの椎骨を感じ取る。仰向けに寝て、自分の背骨がまっすぐになっているかをまず感じる。手は肩の横に広げる。

脊椎を尾骨から１つ１つ床に押しつけていく。意識が腰椎まで来ると、尾骨・仙骨は自然と床から離れていく。その後も１つ１

つゆっくりと意識しながら順に押しつける（押しつけた背骨より足寄りの背骨は床から持ち上がるはず）。頸椎までで限界。最後は手のひらを耳横で肩幅に着き、頭頂部を床につき立て、頸椎を床から上げる。足場（床との接地点）は頭頂部・足裏・手のひら。へそを天井に引っぱり、手で床を押しブリッジ。

ゆっくりと自分のからだを内側から感じながら行う。降りる時も逆の動作をゆっくり行う。

背骨への意識を順に送るブリッジ

○「背骨への意識を順に送って後ろ回り」…仰向けに寝る。膝を立てて、かかとをお尻にひきつけたら、膝を抱え両脚を持ち上げる。両手で体を支え、両脚を天井方向に伸ばす（ねこちゃん体操の、アンテナのポーズ）。これ以上いかないところで肩の極限を探る。両脚を顔・頭の向こうに持っていき足先から床に下ろす。どちらか一方の肩に重心をうつし、頭越しに足・膝を床に着ける。自然のままに重心を移し、ゆっくりとあぐらに戻る。

背骨への意識を順に送って後ろ回り

○「くるりんぱ」…両足裏を合わせ、両手で両足首を持って座る。座骨の上に上体をのせ、自重を感じる。重心を少しずつ左右どちらかにずらしてみる。力を抜いて、床面に着いた外腿の方へ、自然に重心を移動させる。最後はもとの座り方にもどる。

くるりんぱ

○「呼吸に合わせて動く」…あぐらの姿勢で座骨に座る。息を３秒間かけて吸い、10 秒かけて吐く。吸うときに手（腕・肘・指先などその時点で自分が意識できるところに意識の焦点を当てる）を伸ばしてみる。吐くときに伸ばした腕をゆるめ、縮める。吸うときに伸ばす部分を、いろいろと変えてみる。吸いながら立ちたくなったら立ってみる。

呼吸に合わせて動く

★音楽について…音楽は動きを引き出す助けにもなるし、邪魔にもなるものである。この活動の段階から、補助的に音楽をかけることは効果的となる。曲はリズムを刻むものではなく、なるべくゆったりしたもの。

○「足場の移動」…ここでの足場とは、自重を支える体の部分の、床との接地面を指す。座骨の上に上体をしっかり乗せ座る。そこから心のおもむくまま、からだの行きたい方を感じながら好きな方向に重心をずらす。

今接地している点から、隣へ隣へと足場（床との接地点）を移動させる。

腿、肩、背中、首、腹、腕、ひじ、体側、お尻、膝、足裏、手など、いろいろなところを感じながら床に接地、重心をうつす。重心を一気に乗せるのではなく、乗るかどうかを探り、決めたら乗せる。足場はいくつあってもよい。

徐々に接地面を減らしたくなり、足の裏だけや手のひらと片足だけなどに移していくと、他の部分は自然に床から離れていく。離れた部分がどう動くか心のおもむくままに感じながら体の動きを心で見守る。

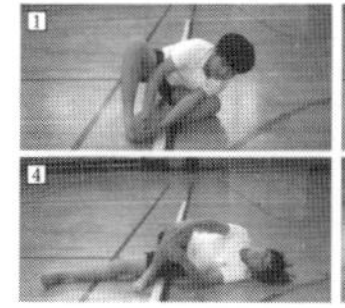
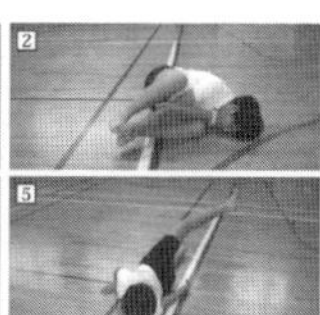
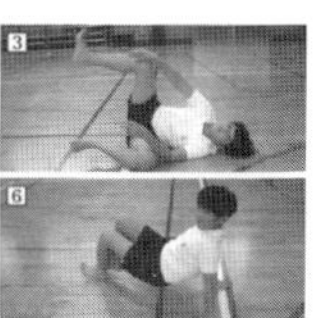

足場の移動

○「スタート・ストップ」…「足場の移動」での途中に、指導者は、「ストップ」の声をかける。その時に、がたんと崩れずにそのままストップのポーズでいられるとよい。このことに気をつけられると、勢いを使って適当に動かすのではなく、常に自分のからだと相談しながら、自分のからだの重心・接地点・床と離れている部分・関節の動かし方などを意識することができ、結果的に可動範囲が広がり、思わぬ動きの発見にもなる。

「ストップ」の合図で
ピタッと止まるよ

気持ちよ～く
「寝ちゃダメよ!?」

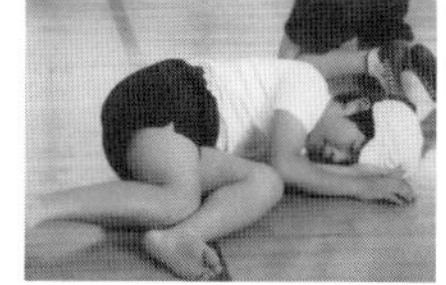

スタート・ストップ

○「動物歩き」など、「体つくり運動」として行うものも必要に応じて経験させる。

○「立つ」…足場の移動で、重力に逆らって立った時の感触を確かめ、安定した立ち方を知る。足裏のいろいろな所に重心をかけてみる。足の開き方を探り、落ち着くところに決める。頭の位置も探る。鼻の下におへそが位置するとちょうどよい。

○「上体のぶら下げ」…頸椎から、1つずつ脊骨を前に倒し、腰椎まで倒したら、股関節を支点に骨盤も前に倒す。軽く足を開き上体を揺らす。膝を曲げて、尾骨から仙骨・腰椎と、1つずつ意識しながら元の位置に起こす。

上体のぶら下げ

○「歩く」…1人で歩く（脊椎の何番を意識しているか等歩く前に自分で確認して歩く）。

- 背骨を意識して歩く。（写真①）
- 大股で歩く。
- 足裏にかける重心の変化を意識して歩く。

2.　授業プラン第2次　『からだで話そう』（3時～4時）

（1）本時のねらい

・人を感じて動いたり、人の動きを感じながら自分の動きをコントロールしたりする。

⑵ 授業の流れ

◎複数の人数で、気配を感じながら行うゲームや、即興による動きの『冒険』をする。

○「２人で歩く」…２人で歩く。背骨を意識して。２人が横並びになり、一方が相手の腰椎の何番目かを触って（軽く押さえて）あげる。頸椎や胸椎でも。一番しっくり動けるのは、どの脊椎の何番を意識した時かを振り返る。いつも同じとは限らない。人によっても違う。縦並びでも歩いてみる。（歩く人は、後ろの人を見られないが、感じることができる）（写真②③）

○「音送り」…5～８人程度で円をつくり、音のなるもの（鈴やトライアングル、カスタネットなどの楽器や、棒や紙など、何でもよいので音を作り出せるもの）を各自が持ち、意識を集中させる。初めに誰か１人が、自分のタイミングで、別の誰かに対して音を優しく鳴らして、気持ちを送る。動作が伴ったり目を合わせたりするとわかりやすい。送られた（と感じた）人は、その気配を受け、次の別の人に音を鳴らして気持ちを送る。

複数人が同時に自分に送られたと感じることもある。その場合は２人とも次の人に送る。複数のラインができることになる。

○「気持ち送り」…音送りができたら、次に楽器を持たずに、「気持ち」を送る。目線だけでもよいし、動作で表してもよい。近づきたくなったらその人の方へ近づいてもよい。音送りも気持ち送りも、ゆったりとした音楽をバックに流すとスムーズに行える。（写真④）

○「カウントアップ・ダウン」…5～10人程度で円をつくり、円の中を歩くゲーム。誰でもよいので誰か１人が自分のタイミングで歩き始める。歩く軌跡は自由。次に２人目も自分のタイミングで歩きに参加する。３人目（人数が多い場合は４人目。５人目くらいまではできる）も歩き始めたら、今度は１人ずつ抜けて、空いているポジションに戻る。

最後の１人が抜けそうになったら、すかさず次の新しい１人目が歩き始める。同時に複数人出てしまったり、最後の１人が戻ってから間が空いたりせずに、１人→２人→３人→２人→１人→２人→３人…とつながれば成功。声を出さずに、お互いの気配やアイコンタクトでスムーズに行えると気持ちいい。（写真⑤）

★合図について…ゲームの始まりに指導者が出す合図は、太鼓やホイッスルなどではなく、声で「どうぞ」のように静かに発するとよい。

★「即興」…ここまでの活動もダンスにおける「即興」であり、後述するものもすべて動きの即興となる。見た目の形にとらわれず、

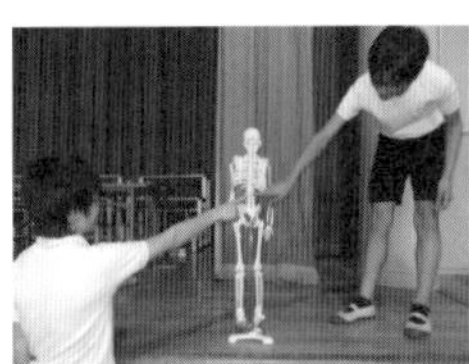
写真１

写真２

写真３

写真４

写真５

他者との関係性の中で生まれた衝動で心のおもむくままに動くことが大事。

○「紙を通して対話しよう」…2人組になって、片方の手のひらどうしの間に、ハガキ大の紙（画用紙くらいの厚さのものや、ティッシュなど、その時の気分に合わせて）をはさむ。紙を落とさないように、手のひらの向こうの相手を感じながら、足場を移動して動きたいように動く。その場だけでなく、場所を移動してよい。床に寝転んだり、スピードを上げたり、リズムをつけたり、相手と心を呼応させながら思うように動く。

紙を通して対話しよう

○「手のひらで対話しよう」…手のひらの間に紙があるつもりで、同じように即興で動く。手と手が離れないように気をつけ、お互いの動き・気配を感じながら動く。

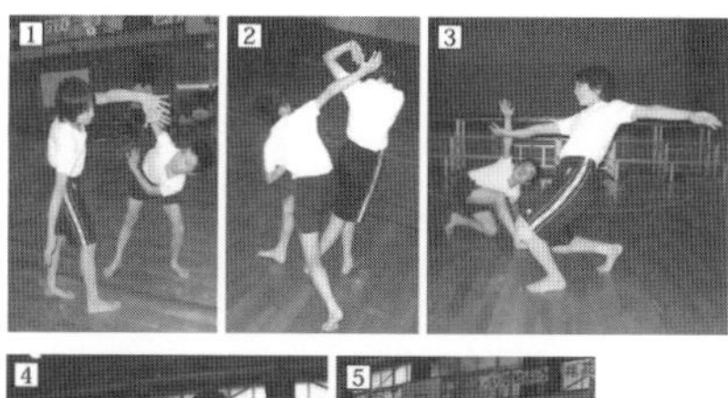

手のひらで
対話しよう

○「いろいろなからだの部分で対話しよう」…指・足の裏などの間に薄い紙があるつもりで相手を感じながら動く。

・ひじ・肩・背中・おしりなどには、実際に触れながら動いてみる。触れるところが変化してもよい。お互いの触れる箇所がそれぞれ違ってきてもよい。

○「スローな動きのキャッチボール」①…2人組のうちの先の人が、足場を移動させながら呼吸に合わせて、即興で動く。次の人はその動きに合った動き（同じ動きでもよいし、先の人の動きを問いと考えて、答えとなるような動きをしてもよい）をする。タイミングとしては「追いかけっこ」の状態。あわてず、動き出したくなったタイミングで始めて良い。自分と相手を感じながらていねいに動く。時間ごとに変化する他者との位置関係を自ら調節する。

スローな動きの
キャッチボール①

○「スローな動きのキャッチボール」②…体のどこかを先導させながら即興で動く。

先の人は、指導者から指定されたからだの一部分（手・足・肩・おしりなど）を「動きの水先案内人」としてからだをその部分から始動させ、自分の動きを展開させていく。次の人も同じ部分から始動し、先の人の動きに呼応して動く。

スローな動きの
キャッチボール②

★発表について…見せ合う活動は、個人が気持ちよく動いている段階（第２次）では行わず、第３次位からで十分である。それ以前は子ども自身がからだへの意識ができればよい。ユニークな動きや、気持ちよく動けているペアがいたらピックアップして紹介してもよい。

3.　授業プラン第３次　『動きを広げよう』(5時～６時)

(1) 本時のねらい

・人の動きを感じながら、自分の動きをコントロールし、空間を構成する。

(2) 授業の流れ

◎「歩く」

○「１人で歩く」…指示された同方向に向かって。直線的に。角をつくって方向転換。曲線的に。誰かの後について。誰かと並んで。自由な方向に。空間の中にいる自分がどう動くかを意識しながら動く。（図１～４、写真）

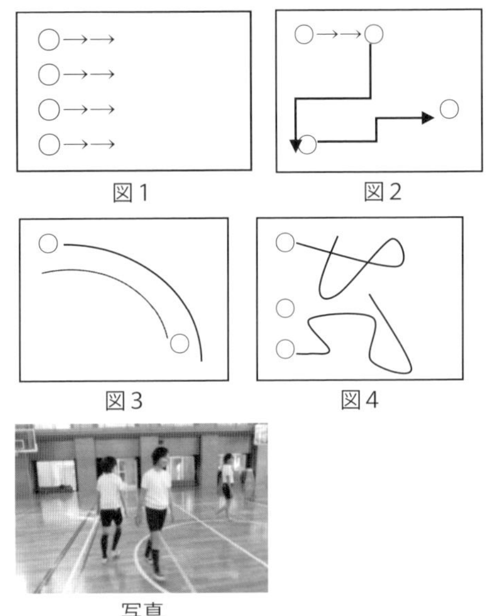

図１　図２　図３　図４

写真

○「２人で歩く」…横並びでいろいろな方向に歩く。縦並びで歩く。（空間を２人で切り開くように動く）

○「大また・小また・高低・遠近」…２人で動き方やスピード・タイミングをコントロールして歩く。

○「円や対角線など」…軌跡を決めて２人で同時に歩く。軌跡を決めて、同じ形を別々に（タイミングをずらし）歩いて作る。

○３人以上で歩く…縦や横に並んで。かたまりで。同じ図形をそれぞれが作って。交差して。ランダムなコースを。

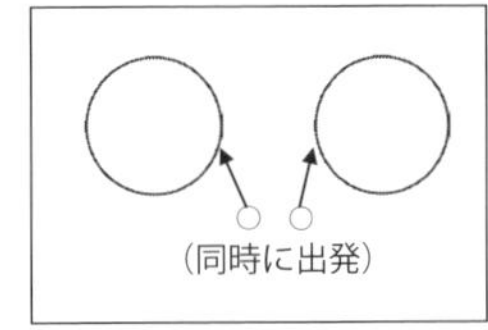

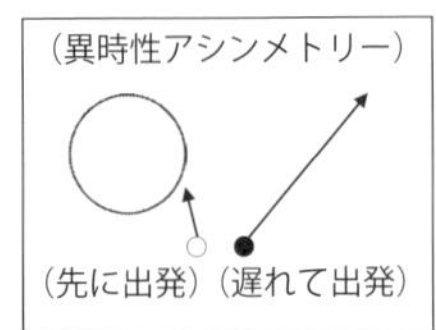

◎「床面（空間）を均等に動こう。」

○クラス全員で…いろいろな方向へ自由に歩こう。床面を目一杯使って歩こう。

○方向転換…人とぶつからないようにスムー

ズに進路を変える。

○からだの切り返し…ぶつかりそうになるぎりぎりの瞬間に方向転換する。相手との気配の交流が大事。

○スピードコントロール…小走りで。走って。速く走って。速さを変えると、空間移動はどのように変化するか理解する。

○「ストップ」の瞬間に位置の調整…歩いている途中にストップの合図が出たら、その場に止まる。その時、みんなの立っている位置にかたよりがあることに気づく。いつストップをかけられても、みんなが均等な間隔の位置関係にいられるよう気をつけながら歩く。

- 人の動きや方向を予測しながら自分の進路を臨機応変に変えていく。
- 全員が空間と人の気配を意識しながら。（スピードを変えて）

○粗と密のちがいを体感する。（写真①②）

○「ストップで動きの変化をつける。」…上・下・横・手・胴・腰・首・足など、感じたところを意識して止まる。からだの向きに気をつける。

○「見たことのないようなポーズで止まろう」…いろいろなポーズで止まる。手や足を全部使うのはもちろん、胴体や首も意識して使う。

写真①ストップした時、かたよりができた状態

写真②ストップした時、均等に散らばっている状態

写真③均等に散らばり、いろいろなポーズでストップする

（写真③）

★ストップのきっかけは太鼓でもタンバリンでもホイッスルでもよい（この活動は静かに行わなくても大丈夫。合図の音も元気良くやってよい）。

★ダンスの学習となると、指導する側もいやだな、と敬遠しがちになる。が、たとえばマット運動の導入期、子どもにとって、バランス技は「ポーズ」と同義であることは多い。そこで、器械運動においても比較的抵抗のない「ポーズ」を考えさせるとよい。ダンスの入り口として指導者は意識し、からだの可動範囲を広くとっているポーズや珍しいポーズを見つけて評価することは重要である。

　初めはガッツポーズやお笑い芸人のポーズしか考えつかない子も多いが、「絶対に見たこともない」をキーワードに次々にポーズさせる（どんどん合図を出して次々やらせる）。立ちポーズから寝るポーズにも広がるとからだのフォルムは多様になり空間における自分のからだをどう表現するかを認識できるようになる。ここで自分の一番の売りのポーズを見せ合い、様々なからだの使い方があることを知る。

4. 授業プラン第４次『動きを変化させよう』（7時～8時）

(1) 本時のねらい

- 緩と急のちがいを体感する。
- 自分の動きの、スピードやテンポをコントロールし、始まりと終わりを感じる。

(2) 授業の流れ

◎フレーズをつくろう。

○「歩く」…１人・２人・３人で歩き、リズムにも変化をつけてみる。（ゆっくりと。速い移動。小刻みに。アクセントをつけて。）

○「歩いて終わる」…自分で終わりたくなったら動きを決着させる。（ゆっくり止まる、ぱたんと止まる､小さくなって止まる…など）

○「ポーズからポーズへ（近道）」…前出の『スタート・ストップ』の足場移動で、気に入ったストップのポーズから、もう１つの気に入ったストップのポーズまでを、軌跡をたどるように動かす。

○「ポーズからポーズへ（遠回り）」…自分が意識している部分を使って呼吸に合わせ、からだが動きたいように動き、最終的には最後のポーズになるようもっていく。

一連の動きのフレーズができてくる。

○「くりかえし」…先の動作を繰り返す。

何度もやりたくなったら何度も繰り返す。

自然と動きのリズムが生まれてくる。

○「カット」…省略したいところは省く。１番印象深い部分が明確になってくる。

○「延長」…ゆっくりしたい部分は時間を延ばして行う。

○「スピードアップ」…速くやりたい部分は動きのスピードを上げる。

○「細分」…同じ動きを細かくきざんでくり返し行う。テンポを上げる。倍速でやる。

○２人で行う…自分の作った動きの流れと相手の動きの流れを同時に行い、関わりたくなった部分は関わり合わせた動きにする。

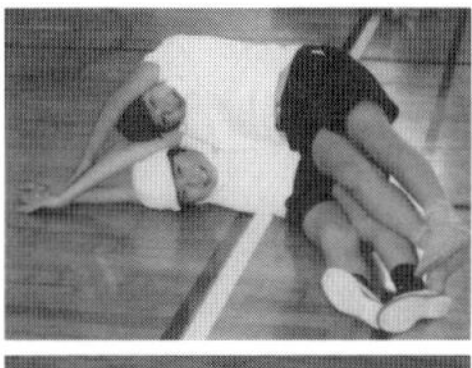

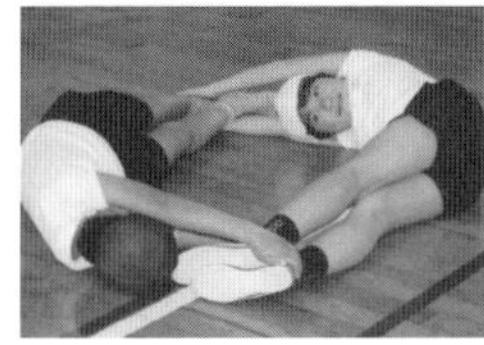

◎動きに合った空間を考える…ここまでに考えてきた動きの１フレーズを、移動しながらやろう。

○まずは１人でやってみる。

○２人で…左右対称か？同時か？異時か？直線か？曲線か？めちゃくちゃか？

○グループで…左右対称か？同時か？異時か？広がる？くっつく？どちらを向くか？

○動きに合った移動・隊形（空間運動）を考える。…動きに合わせて、移動したい方向に移動する。

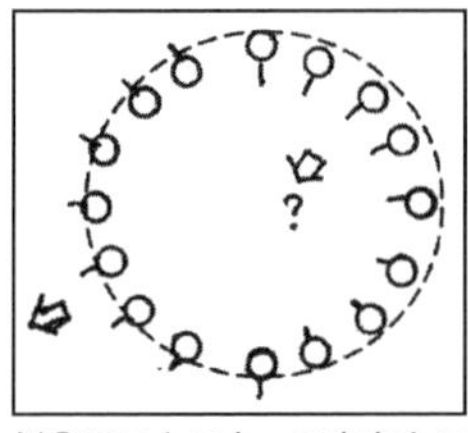
例①円周上に立って中向きに動くよりも外向きの方が個の動きはよく見える。

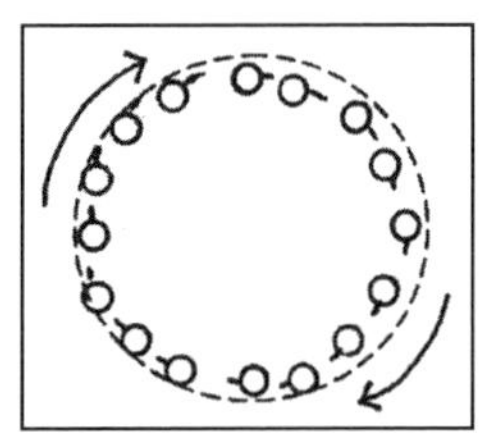
例②円周上に立って踊るよりも、同方向へ移動する方が円の形は印象づけられる。

Aのポーズ ──▶ Bのポーズ

AからBまでの間を動きの「遠回り」で動く。

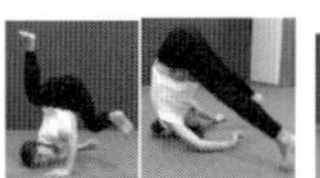

ポーズからポーズへ」

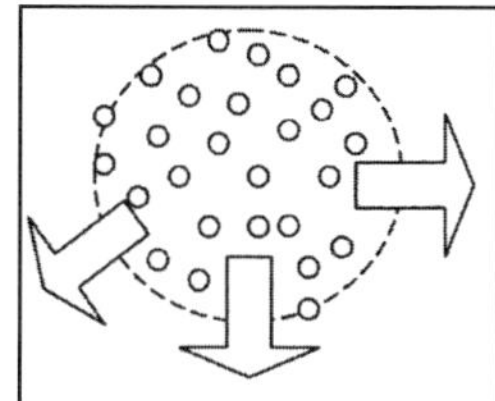

例③円周上に立つのではなく、「かたまり」になって（円内にばらばらに点在して）、同じ動きをするなどして同方向に移動するだけでも、力強さを印象づけることができる。（全員で前に。ななめに。真横に。など）

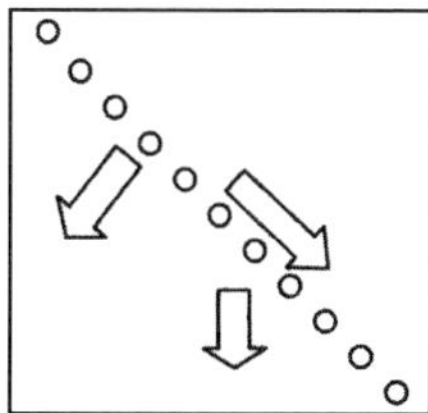

例④「ななめ」直線を作る場合、体の向きはどちらの方向がいいか、実験する。（線と同じ方に向く？線と並行方向に？正面に？など）個の動きの「向き」にふさわしいか確かめる。

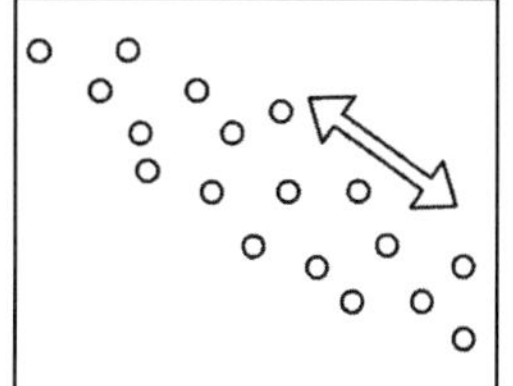

例⑤「ななめ」は１列とは限らない。「かたまり」で点在しても動きの方向性が同じなら、「ななめ」の感じを出すことができる。

○グループで、全員で…複数人になったら、誰かがやっていた動きのうちのどの動きで移動するか、やる動きを選んで決める。

選ばれた１つの動きをしながら各自が移動したい方向に動いてみる。

みんなでどのように移動するか相談する。その時一人ひとりの位置関係はどうするかも打ち合わせる。

◎時間の組み合わせを考える…選ばれた動きをどのようなタイミングでやるか考える。…全員一緒か？　掛け合いでやるか？　時間差でやるか？　カノン(動きの輪唱)でやるか？どちらかは止まっているか？　どちらかは違う動きをするか？など

◎「めりはりをつけよう」…自分の動きと相手の動きを組み合わせる。

・高低をつけてみよう
・大小の違いをつけよう(形のコントラスト)
・時間差で動いてみよう（時間認識）
・どちらかは速くどちらかはゆっくり動こう（時間のコントラスト）
・離れてやろう・近づきながらやろう・同方向に移動しながらやろう（空間構成）
・問いと答えをつくろう（口拍子で・○呼間で・曲に合わせて・動きを言葉にして「伸びて〜トントンぐるりんポーズ」のような…（リズム構成）

★ここまでくると、ある程度動きを構成する力がついてくると考えられる。

◎「動きの始末をしよう」…どのようにして終わるか考える。

○ポーズか？流れて消えるか？１人ずつ消えるか？

★運動会など、クラスやグループよりさらに大きい集団で構成に取り組む場合も、同じように話し合いながら、実際に全員で動いてみて、印象の強いもの・自分たちのやりたいことに合うやり方を選んでいく。

★短い時間ではできないと思われがちだが、この中のどれか１つを10分間やってみるだけでも、動きの質は変わってくる。

★これら一連の活動は、自身の思い通りに動けるからだと心を育てていくことになるであろう。どのように見せるかという構成・演出のデザインを学びながら、人と人・自己と全体とのバランスなどを知り、空間把握の力が育つと考える。さらに他者の動きを察知し自分の動きのタイミングをコントロールする体験から、時間を把握しその中で自在に調整する力の伸びも期待できる。

この力はボールゲームなど、他の運動種目にも生かせると考えるので、ぜひ実践を試みてほしいと願う。

体つくり運動
（なわとび）

Ⅰ．教材について

1.　小学校での体つくり運動の取り扱い

日本学術会議は2017年に、「子どもの動きの健全な育成を目指して―基本的動作が危ない―」という提言を出した。そこでは、①子どもの動きの発達（形成）に遅れが見られること、②子どもにスポーツが広まっている反面、生活の中の動きが未形成なこと、③子どもの動きの形成は、もはや子どもの自然的発育・発達や自主的な活動に委ねられる域を出ており、社会環境の再整備や学校等における教育の改善を通して、保証されるべき危機的な状況に至っていると指摘されている。そのことは、子どもの「からだと動きの育ちそびれ」が生じていることを問題にしている。

2.　高学年の子どもと体つくり

2017年改訂の学習指導要領では、小学校体育科の内容の構成については、基本的な枠組みは前要領がほとんど引き継がれたが、内容（領域）の名称に関わる表現が細かく手直しされた。小学校低学年の「体つくり運動」が「体つくりの運動遊び」に変わった。小学校中学年の「体ほぐしの運動」では、小中ともに「体の調子を整える」が削除された。この導入時の説明で「気づき、調整、交流」（awareness、coordination、communication）の３つのねらいが用いられてきたが、「調整」がなくなった。また、低・中学年の「多様な動きをつくる運動遊び」では、「力試しの動き」が加えられた。高学年の「体の動きを高める運動」における「体の柔らかさ、巧みな動き、力強い動き、動きを持続する能力を高めるための運動をする」という記述からもわかるように、1977要領で「体力要素」が「動き」に置き換えられて以降の、体力・動き・運動の概念の混乱が続いている。

3.　同志会の体つくり運動実践

同志会は、運動文化を大切にして、体を科学的に認識し、体力つくりではなく教材の適切な配列と系統的学習による技能の習得をめざしてきた。例えば、和歌山の宮崎庄三は、各教材についての「できる・わかる」をめざす学習によって技能が習得されれば、体力も向上するのではないかという仮説で半年間の実践に取り組んでいる。その結果、①運動技能が向上した、②体力テストの合計点で低位群が減って高位群が増えた、③実践に取り組んだ半年間の体力テストの合計点の伸びがその前の１年間の伸びを上回った。しかし最近、「からだと動き」の育ちそびれや様々な発達不全を抱えた子どもが増加し、科学的、系統的な技術指導をしようとしても「落ちこぼれてしまう」子どもが出てきた。体育授業で文化の学習に入る前に遊んだり、用具に慣れたり、感覚づくりをしたりする段階をていねいにやる必要が生じている。

「体つくり運動」について、その教育的意義・

可能性・問題点を問い直す必要がある。そうした取り組みとして、山内基広が考案した器械運動の「ねこちゃん体操」がある。「ねこちゃん体操」は、生育環境における運動経験の不足による「育ちそびれ」に対して、器械運動に必要な基礎的身体操作として、「体幹部と四肢の操作の協応性」を耕すことに主眼が置かれている。ねこちゃん体操は、「マット運動のための準備体操」として、「あふり」「はね」「しめ」「ひねり」の感覚と身体（体幹）を操作（コントロール）して技術を楽しく練習する方法（並行学習として、また基礎感覚づくりとして）が創りだされる。また、津田清は、「動物まねっこ体操」を考案・実践した。無脊椎動物からほ乳類に至る「動物まねっこ遊び・体操」によって、「体幹部の操作能力・感覚」を覚醒させるとともに、「体幹と四肢との協応動作」をコントロールする能力・感覚を養うことや、それらの動きの中から「ロール系の技」へ移行する動きをピックアップして技の学習へと接続することをねらっている。

このように、体育授業の準備運動（「慣れの運動」「導入運動」）や、または体育授業と並行してからだと動きのドリルワークを実践することは、「みんな」が「たのしく・できる・わかる」授業づくりに必要になってきている。

4. なわとび

なわを使った運動遊びには、伝承遊びとして伝わったもものあれば、学校体育の教材としてからだや動きを養うねらいを持って工夫されてきたものがある。なわは不定形で、どこにどのような力を加えるかによって、形を変え、回し方や跳び方が変わる。それらをどのように把握し、どのように操作するか、なわの動きと自分のからだの動きをどのように協応させたらよいのかを学べるところに運動の特性がある。１人なわとびから、2･3 人、そして集団での連続技づくりによる表現へと展開ができるところになわとび教材の魅力がある。

II．いろいろななわとび

1. リンボーダンス

なわを使って全身のバランスを保ちながら、からだを反らせて柔軟性を高めることに挑戦して楽しく遊ぶことができる。上体をそらすときは倒れやすくなるので、自分が安定する足の幅や角度をみつけながら行う。

①２人がなわを水平になるように張って持つ。他の１人が上体を後ろにそらしてなわの前に立つ。

②足を少しずつ前進させ、なわに触れずに下をくぐる。同様に順番にくぐる。

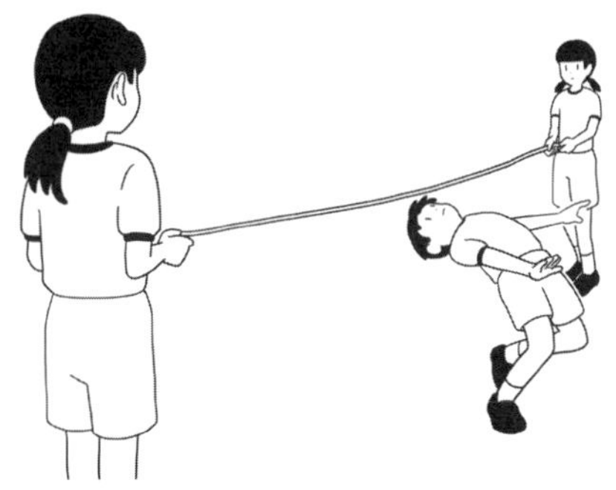

③腕をついてしまったらやり直しをする。

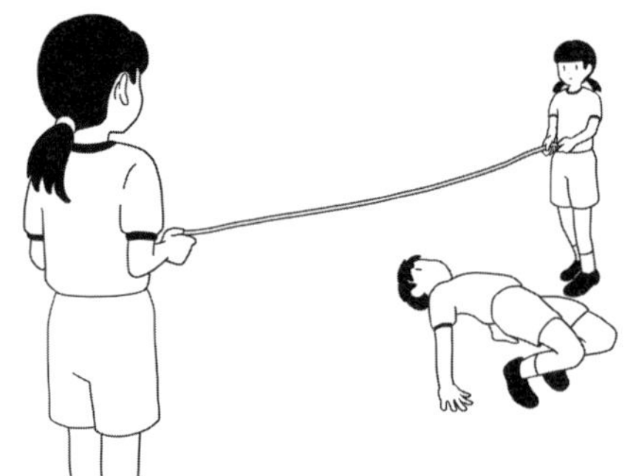

④なわの位置を高めのところからはじめて徐々に下げ、どこまで下げられるかを競いながら行う。

2.　走り縄跳び

なわを飛ぶ動きと走る動きを強調させることがで、走り方やステップの仕方を変化させることができる。

①走りながらなわを跳ぶ。2 歩に 1 回跳ぶことがやりやすいが、1 歩に 1 回飛ぶ、3 歩に 1 回跳ぶや、4 歩に 1 回跳ぶなど、やり方を変化させて行う。

②走りながらなわを跳び、2 歩に 1 回の跳び方から 3 歩に 1 回の跳び方へ連続的に変化させ行う。変化のタイミングは、ラインで設定してもいいし、友だちの手拍子で変化させて行うなど様々な工夫ができる。

③同様にスッキプしながらなわを跳ぶことと、ギャロップをしながらなわを飛び変化を加えて行うこともできる。

3.　キャッチロープ

なわを振る・投げる・捕るなどの動きを工夫することで、どのような力を加えると、なわがどのように動くのかに気づき、なわに加える力で動きを調整できる。なわを投げるときには、相手が受け取りやすいように手だけではなく全身を使ってなわの形を崩さないように丁寧に投げる。

①なわの両端を持ってからだの横で前後に振り、自分のタイミングで投げ 1 回転して U 字型のまま床に落とす（2 人組で友だちの方にかかるように投げてもよい）。1m・2m・

3m と少しずつ距離を伸ばす。

②2人1組になり、約3m離れて向かい合い、1人が両手でなわの両端を持ってからだの横で前後に振る。

③なわを3回くらい振ってから、両手を離して振った勢いでなわを1回転させて相手側へ投げる。

④相手は両手でなわの両端をキャッチする。
⑤④でキャッチできたら、そのなわの勢いで前跳びをする。

4.　2人（3人）なわとび

短なわ1本を使って2人または3人で入る位置やタイミングを工夫しながら一緒に跳ぶことができる。回す人は入りやすくすために前後の空間は大きく取り、入った後でも回し方が変わらないように一定のリズムを保つようにする。
①はじめに1人なわとびをする。

②横からその人の前や後ろに1人入ってその場で2人一緒に跳ぶ（2人跳び）。

③さらにその後ろにもう1人入ってその場で3人一緒に跳ぶ（3人跳び）。

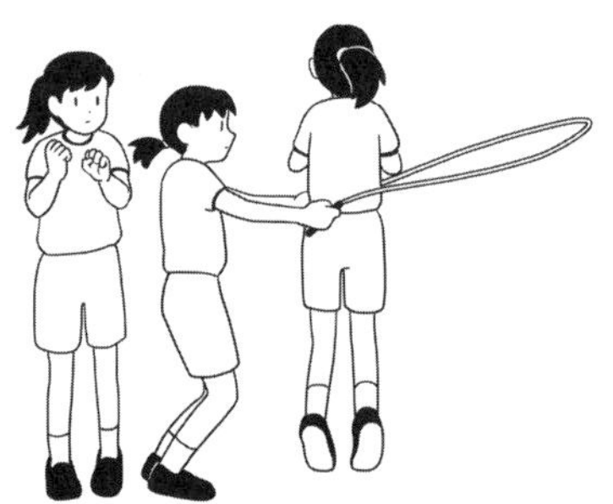

④１人なわとびを横に並べて、他の２人が横から入りそれぞれが２回ずつ跳ぶ（２連集団なわとび）。

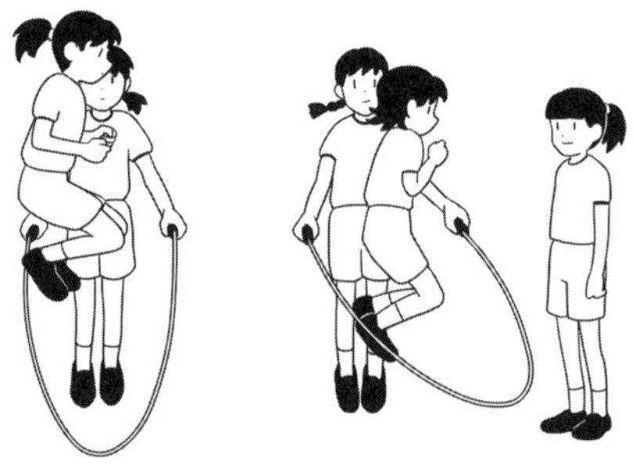

5.　長縄のくぐりぬけ

なわの動きを読んで、なわをくぐりぬけたり跳びぬけたりすることができる。１人でくぐりぬけられたら２人や３人でみんなの息を合わせて入るタイミングがぴったりと合うようにする。くぐりぬけができたら反対側から跳びぬけを同じように行う。

①２人で１本の長なわを回し、１人ずつ上から下へ過ぎるなわを追いかけるようにくぐりぬける。

②くぐりぬけを、１人ではなく２人や３人で手をつないでやってみる。

③目をつぶって同じようにくぐりぬけをやってみる。なわを回す人は、なわで床をたたいて音を出しリズムとタイミングがわかるようにする。

④長なわを２連、３連続にして同じリズムでくぐりぬけられるかチャレンジしてみる。

6.　短なわで長なわを跳ぶ

長なわの動きを読んで、それに自分が回す短なわの動きをシンクロさせて走り、縄跳びで跳びぬけることができる。長なわと短なわ２本を別のなわと考えると難しく感じるので、長なわと自分の（短）なわをシンクロさせて、１つのなわとしてイメージすると跳びやすくなる。

①２人が長なわを回し、その中を１人が短なわで走りなわとびをしながら飛びぬける。下から上へ過ぎるなわを追いかけるようにく

ぐりぬける。

②長なわを２連、３連、４連と増やしハードル走のように１人がなわとびで走りながら飛びぬける。２連、３連の場合は、長なわと長なわの間では、自分のなわは１回回す間に２、３歩進む走り縄跳びをするとリズミカルに連続したなわを跳びぬけることができる。

7.　集団長なわとび

間をおかずに連続的になわに入って跳び続けたり、大人数でなわに入って一緒に跳び続けたりすることができるようになる。

①跳ぶ人は１人ずつ間をおかずになわに入って跳ぶ。跳んだら対角線上に並んで待つ。全員跳んだら１人目から順番に反対側から跳んでいく。

②長なわに同時に何人まで入って、何回跳び続けることができるかに挑戦する。跳ぶ人が増えてきたら、密集したりなわの真ん中を跳ぶ人と恥を跳ぶ人で高さを変えたりと、空間の利用の仕方が大切になる。

8.　忍者跳び

左右の２つのなわの動きを読んで、交互に連続して跳ぶにはどうしたらいいかを工夫して跳ぶことができる。横の移動を素早くして跳んでいる時間を短くしたり、再度ステップの幅をギリギリまで小さくしたりしていくことで跳ぶことができる。

①長なわを並列に２つ並べる。なわは両方とも外側から床をたたき内側に上がってくるように回す。

②跳ぶ人は、片側のなわを回している人の間からなわの間に入る。

③右・左・右・左と交互に繰り返し跳ぶ。回数を決めて跳び終えたら、なわにかからないように前方から出る。

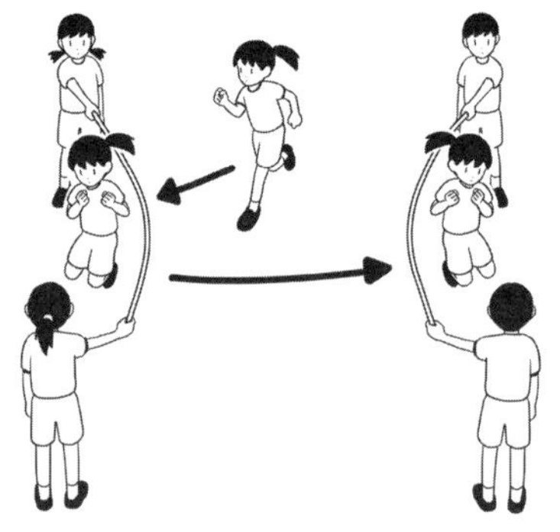

9.　ダブルダッチ

２本のなわを跳ぶときに、速さを変えたり、からだの向きや姿勢を変えたりして跳ぶことができるようになる。なわの中に入る人数を２人、３人と増やして挑戦したり、音楽に合わせて様々な跳び方をして集団で表現したり展開することが可能である。

①はじめに２本のなわを張り少しずつ緩めて内側に小さく回す。

②なわを床にふれるくらいまで回し、少しずつ回し方を大きくしていく。

③一本のなわだけを見て入り、何回か跳んだあとなわから出る。

④その場かけ足をするようにしてロープを左右交互の足で飛び越す。何回か跳んだあとなわから出る。

⑤ロープの回転を速くして、速いかけあし跳びをする。

⑥１回のジャンプで、90度・180度・360度。

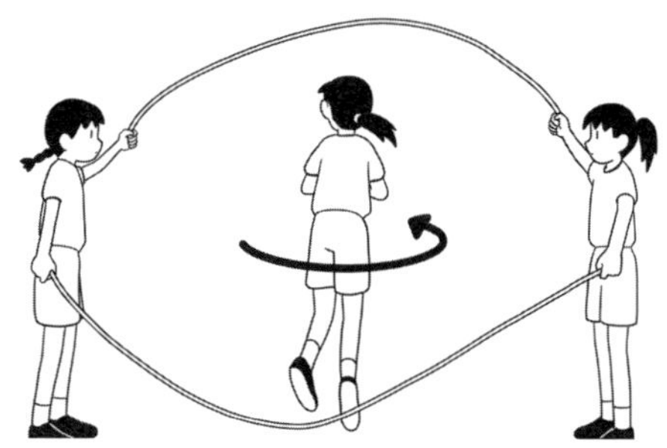

健康教育
（スマホと健康）

Ⅰ．スマホやゲーム機の何が問題か

スマートフォン（以下、スマホ）やゲーム機を使ってできることは本当にたくさんある。今の時代、大変便利なものであり、必要不可欠になっている人も少なくない。ここではスマホやゲーム機の利便性については割愛するが、スマホやゲーム機を使う上での様々な問題点をいくつか述べていきたい。

1. 依存症の恐怖

依存症とは「意志を壊してしまう病気」であり、やめたくてもやめられない状態はまさにギャンブルやたばこ、酒と全く同じである。脳は興奮状態になるとドーパミンという物質が出て、ドーパミンが放出されると人間は気持ちが良いと感じるようにできている。ドーパミンが放出されて「快」を覚えると再びその「快」を得ようとして同じような行動をとってしまうことが多い。スマホでのゲームや快楽で過剰なドーパミンの快感を体験すると、それが忘れられなくなるのが依存症のメカニズムである。

2. ブルーライトの問題

朝はカーテンを開けて太陽の光を浴びるとからだが目覚めるといわれている。これは太陽の光に含まれる青い光＝ブルーライトが体内時計をリセットする働きがあるからだ。体内時計を整える機能を持つブルーライトを、パソコンやスマホから昼夜問わず浴びることで体内リズムが乱れてしまう恐れがある。子どもの頃から体内リズムが乱れると、やがて糖尿病などの生活習慣病の発症を高めるとも言われている。さらに、寝る前の使用はメラトニンの分泌を抑え、睡眠障害や肥満のリスクが高まることも報告されている。

また、ブルーライトを浴びることでの目への影響も考えるべきである。実際、長時間スマホやパソコンを使い続けていると、なんとかしてピントを合わせようして目が無理をするので目が疲れやすくなる。光によるダメージは量×時間に比例するため、目の病気のリスクが高まることが予想される。「就寝１時間前のメールチェックは、エスプレッソコーヒー２杯分の覚醒効果がある」というイギリスの睡眠センターの研究結果もあり、ブルーライトがもたらすからだへの影響を考えなければならない。

3. ネットトラブル

主にスマホを使ったSNSでのトラブルが近年とても増えている。

・いつでも…昼夜を問わず相手と連絡を取り合うことになり、生活習慣が乱れる。

・どこでも…学校から帰ってきても、ご飯を食べていても、お風呂に入っていても相手とつながりを断ち切れない状態になってしまう。返事が来ない不安感や、返事をしないといけない義務感がさらに悪化させる。

・誰とでも…知らない相手と簡単に連絡が取

れる。会うこともできる。ネット上だから友だちができ、知らない相手だからいろいろなことを相談できる良さもあるかもしれないが、事件や事故に巻き込まれかねない。

この他にも様々な問題点があるが、小学校の発達段階を考慮し、教材化を考えた時には上記の３点を中心に学習を展開していこうと考える。

Ⅱ．授業のねらいと学習計画

〈ねらい〉

・スマホやゲーム機の良さと問題点を知り、自身の生活にあった正しい使い方を考えることができる。

〈学習計画〉

次	小タイトル	内容
0	スマホやゲーム機について子どもたちにアンケートを取ろう （1 H）	・スマホを持っていますか？（今、スマホがほしいですか？） ・ゲーム機を持っていますか？ ・スマホやゲーム機でゲームするときは、楽しい気持ちになりますか？ ・スマホやゲーム機の良いところ、悪いところあなたは思いつきますか？ ・調べてみたいこと・知りたいこと、気になっていることなどがあれば書きましょう。
1	アンケートの結果を確認し、スマホやゲーム機を使う中で“本当に”悪いところ（悪影響）は何かを考える （1 H）	・クラスや学年で取ったアンケート結果を集計し、結果を予想し合って話し合う。 ・スマホやゲーム機の良いところベスト３を話し合う。 ・スマホやゲーム機の悪いところベスト３を話し合う。 ・スマホやゲーム機を使う中で、“本当に”悪いところ（悪影響）は何かについて考える。
2	スマホやゲーム機が脳や体に与える影響を考える （3 H）	・スマホのトラブルこんなにある？　どうしたらいいか考えてみよう。（1 H） ・スマホやゲーム機からはなれられない人は依存症 ?!（1 H） ・スマホやゲーム機を使っていると目が悪くなるのか？ 体にダメージのある使い方は、成長しなくなる？（1 H） ※上記の３項目は、子どもの実態に合わせて学習する順番を変えてもよいと考える。
3	スマホやゲーム機と学力の関係を知り、自身の使い方を見直す （1 H）	・スマホやゲーム機を使い続けると、成績が下がるというのはホント ?! ・これまでの勉強をふり返り、自分はスマホやゲーム機とどう付き合っていくのかを考えよう。 ・お家の人との交流（えんぴつ対談などが効果的）

Ⅲ．授業の展開

1.　アンケートからわかること

私は実際に５年生で子の実践を行った。アンケートの結果をまとめると、以下のようになった。

114 人中	はいの割合
①スマホを持っているか	39％
②スマホが欲しいか	71％
③ゲーム機を持っているか	96％
④スマホやゲームをしていると楽しい気持ちになる	95％

〈スマホやゲーム機の良いところ〉
○楽しい・面白い
○家族や友だち、遠くの人と電話やLINE、ゲームなどでやりとりができて楽しめる
○いろいろな事を調べて知ることができる
○いろいろなことができて便利
○ゲームがいっぱいできたり遊べること
などの記述があった。
〈スマホやゲーム機の悪いところ〉
●目が悪くなる
●知らない人から電話やメールの連絡がくる。事件にまきこまれる可能性がある
●時間を忘れてずっとやってしまう・なかなかやめられない・依存症
● LINEやSNSなどでトラブル・いじめなどの問題が起きる
●個人情報をSNSに流すと大変なことになり、流出する可能性がある
●お金がかかるものがある・課金の問題
●からだが不健康になる
●情報が本当かうそかわからない・まちがった情報がある

などの意見がでた。やはり子どもたち自身もスマホやゲーム機の使い過ぎは良くないとわかっているものの、どうしても使いすぎているという印象がある。保護者からも、
☆１日の時間に何時間スマホやゲームをすればいいのか・どういう使い方が正しいのか安全なのか
☆スマホやゲーム機の本当に悪いところ（悪影響など）や良いところ
☆実際にあった小学生のスマホ・インターネットに関するトラブルなど
を知りたいという意見も寄せられた。できる限りこれらの意見に答えていけるように授業計画も考えた。
※以下２～４は実態に合わせて学習を変えても可能として考えている。

2.　ネットトラブルの危険性

「本当に怖いスマホの話」という本からいくつかの事例を紹介して授業を展開した。すべて実話なので、子どもたちも興味・関心を持って「　」にどのような言葉が入るのかを想像していた。これらはすべて依存症からくる様々なトラブルであり、どんな使い方や関わり方が良いかを考えるきっかけになった。

3.　依存症とは脳の病気？！

「ママのスマホになりたい」という絵本を導入に使い、依存症についての学習を進めた。依存症とは脳の病気であると紹介し、脳内物質ドーパミンについて学習した。ドーパミンを知るだけでなんだか賢くなったような気持に子どもはなる。依存状態になってしまった時、どれくらいの時間が費やされていることになるかを調べた。１日３時間スマホやゲーム機を使っていると１年間で約40日間ずっと使っているという数字を見て驚いていた。

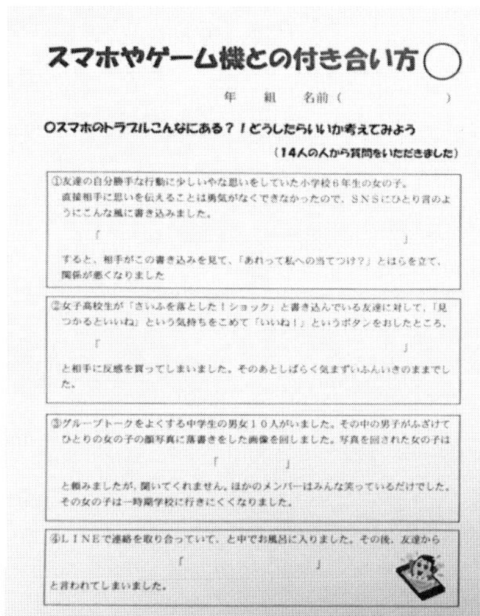

スマホやゲーム機との付き合い方◯

年　組　名前（　　　　　　　）

○スマホのトラブルこんなにある？！どうしたらいいか考えてみよう

（14人の人から質問をいただきました）

①友達の自分勝手な行動に少しいやな思いをしていた小学校６年生の女の子。直接相手に思いを伝えることは勇気がなくてできなかったので、ＳＮＳにひとり言のようにこんな風に書き込みました。

「　　　　　　　　　　　　　　　　」

すると、相手がこの書き込みを見て、「あれって私への当てつけ？」とはらを立て、関係が悪くなりました

②女子高校生が「さいふを落とした！ショック」と書き込んでいる友達に対して、「見つかるといいね」という気持ちをこめて「いいね！」というボタンをおしたところ、

「　　　　　　　　　　　　　　　　」

と相手に反感を買ってしまいました。そのあとしばらく気まずいふんいきのままでした。

③グループトークをよくする中学生の男女１０人がいました。その中の男子がふざけてひとりの女の子の顔写真に落書きをした画像を回しました。写真を回された女の子は

「　　　　　」

と頼みましたが、聞いてくれません。ほかのメンバーはみんな笑っているだけでした。その女の子は一時期学校に行きにくくなりました。

④ＬＩＮＥで連絡を取り合っていて、と中でお風呂に入りました。その後、友達から

「　　　　　　　　　」

と言われてしまいました。

○スマホやゲーム機でトラブルになった件数は具体的にはわかりませんが、小さなけんかなどのトラブルから、警察が関わる犯罪・トラブルなどまでふくめると、とんでもない数のトラブルは起こっていたと考えることができます。また、これからも起きると予想できます。スマホなどを持つ人がそんなトラブルにまきこまれる可能性（かのうせい）があります！

⑤グループでメッセージアプリを使っていたシュンヤくん（仮名）の出来事から…

⑥スマホのゲームにはまり、日常生活のほぼすべてがゲーム中心になってしまった中学生の男の子。勉強もしないので、成績がおおはばに下がってしまいました。怒った母がスマホを取り上げました。ゲームのアプリを消したところ、

「　　　　　　　　　　　　　　　　」

とさけんでお家の人に暴力をふるいました。母親は全治２週間のけがを負ってしまいまいた。

⑦夜おそくまでゲームをしているので、毎日ね不足でつらいです。でも、夜にゲームを始めると眠気がさめて、ゲームに熱中してしまします。

○ここで紹介した出来事以外にも、スマホやゲーム機でのトラブルは本当に様々あります。

◎スマホやゲーム機を使う上で、これらのトラブルの共通点や、どんなところが問題なのか考えてみよう。または、どんな使い方や関わり方が良いか、自分の考えを書こう。

スマホやゲーム機とネットトラブルの関係

トラブルの共通点やどんな使い方や関わり方が良いかを考える

スマホやゲーム機と依存症

キーワードは
・ドーパミン
・依存症
・依存症は脳の病気だからこそ治せる

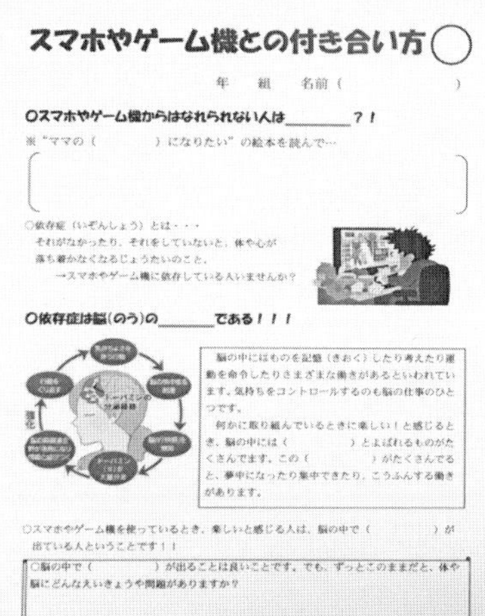

スマホやゲーム機との付き合い方◯

年　組　名前（　　　　　　　）

○スマホやゲーム機からはなれられない人は＿＿＿＿？！

※"ママの（　　　　）になりたい"の絵本を読んで…

○依存症（いぞんしょう）とは・・・
それがなかったり、それをしていないと、体や心が落ち着かなくなるじょうたいのこと。
→スマホやゲーム機に依存している人いませんか？

○依存症は脳(のう)の＿＿＿＿である！！！

脳の中にはものを記憶（きおく）したり考えたり運動を命令したりさまざまな働きがあるといわれています。気持ちをコントロールするのも脳の仕事のひとつです。

何かに取り組んでいるときに楽しい！と感じるとき、脳の中には（　　　　）とよばれるものがたくさんでます。この（　　　　）がたくさんでると、夢中になったり集中できたり、こうふんする働きがあります。

○スマホやゲーム機を使っているとき、楽しいと感じる人は、脳の中で（　　　　）が出ている人ということです！！

○脳の中で（　　　　）が出ることは良いことです。でも、ずっとこのままだと、体や脳にどんなえいきょうや問題がありますか？

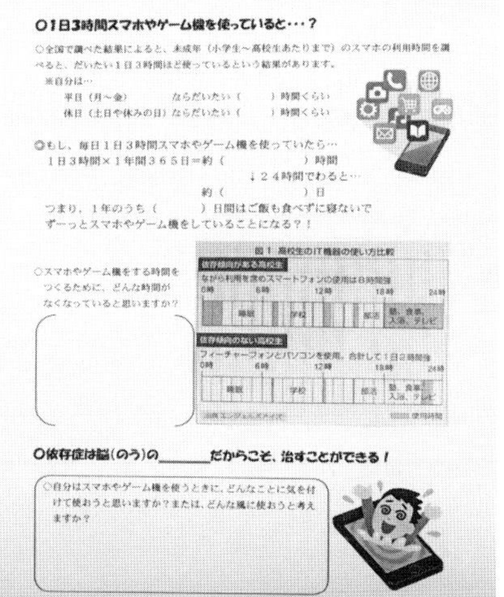

○1日3時間スマホやゲーム機を使っていると・・・？

○全国で調べた結果によると、未成年（小学生～高校生あたりまで）のスマホの利用時間を調べると、だいたい１日３時間ほど使っているという結果があります。
※自分は…
平日（月～金）　ならだいたい（　　）時間くらい
休日（土日や休みの日）ならだいたい（　　）時間くらい

◎もし、毎日１日３時間スマホやゲーム機を使っていたら…
１日３時間×１年間３６５日＝約（　　　　）時間
↓２４時間でわると…
約（　　　　）日
つまり、１年のうち（　　　）日間はご飯も食べずに寝ないでずーっとスマホやゲーム機をしていることになる？！

○スマホやゲーム機をする時間をつくるために、どんな時間がなくなっていると思いますか？

○依存症は脳(のう)の＿＿＿＿だからこそ、治すことができる！

○自分はスマホやゲーム機を使うときに、どんなことに気を付けて使おうと思いますか？または、どんな風に使おうと考えますか？

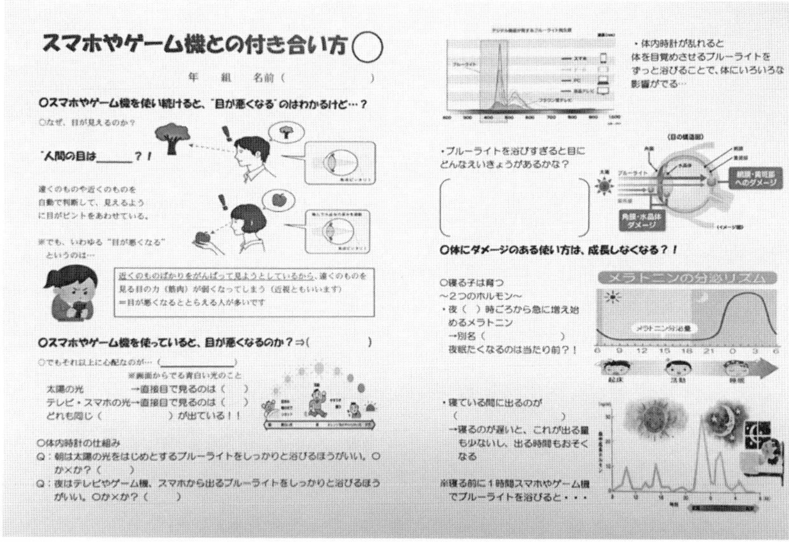

スマホやゲーム機との付き合い方◯

年　組　名前（　　　　　　　）

○スマホやゲーム機を使い続けると、"目が悪くなる"のはわかるけど…？

○なぜ、目が見えるのか？

"人間の目は＿＿＿？！

遠くのものや近くのものを自動で判断して、見えるように目がピントをあわせている。

※でも、いわゆる"目が悪くなる"というのは…

近くのものばかりをがんばって見ようとしているから、遠くのものを見る目の力（筋肉）が弱くなってしまう（近視ともいいます）＝目が悪くなるととらえる人が多いです

○スマホやゲーム機を使っていると、目が悪くなるのか？⇒(　　　　)

○でもそれ以上に心配なのが…（＿＿＿＿＿＿）
※画面からでる青白い光のこと
太陽の光　→直接目で見るのは（　）
テレビ・スマホの光→直接目で見るのは（　）
どれも同じ（　　　　）が出ている！！

○体内時計の仕組み
Q：朝は太陽の光をはじめとするブルーライトをしっかりと浴びるほうがいい。○か×か？（　　）
Q：夜はテレビやゲーム機、スマホから出るブルーライトをしっかりと浴びるほうがいい。○か×か？（　　）

・体内時計が乱れると体を目覚めさせるブルーライトをずっと浴びることで、体にいろいろな影響がでる…

・ブルーライトを浴びすぎると目にどんなえいきょうがあるかな？

○体にダメージのある使い方は、成長しなくなる？！

○寝る子は育つ
～２つのホルモン～
・夜（　）時ごろから急に増え始めるメラトニン
→別名（　　　　　）
夜眠たくなるのは当たり前？！

・寝ている間に出るのが
（　　　　　　）
→寝るのが遅いと、これが出る量も少ないし、出る時間もおそくなる

※寝る前に１時間スマホやゲーム機でブルーライトを浴びると・・・

スマホやゲーム機と視力・睡眠の関係

キーワードは
・ブルーライト
・メラトニン
・成長ホルモン

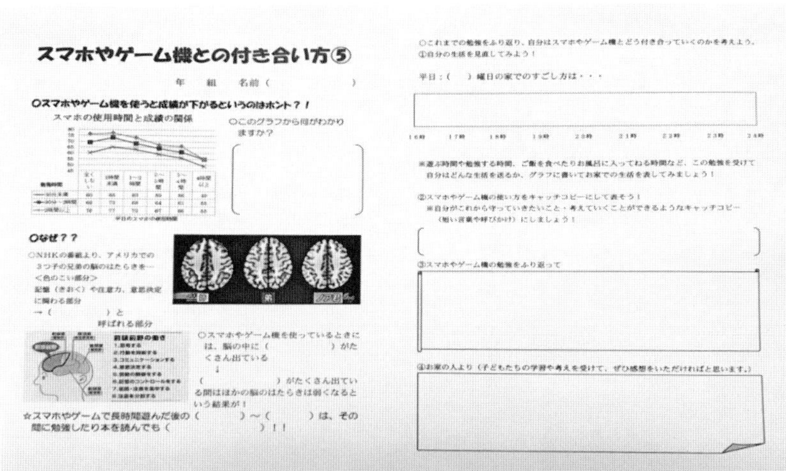

スマホやゲーム機との付き合い方⑤

年　組　名前（　　　　　）

○スマホやゲーム機を使うと成績が下がるというのはホント？！

スマホの使用時間と成績の関係

○このグラフから何がわかりますか？

○なぜ？？

○NHKの番組より、アメリカでの3つ子の兄弟の脳のはたらきを…
＜色のこい部分＞
記憶（きおく）や注意力、意思決定に関わる部分
→（　　　　）と呼ばれる部分

前頭前野の働き

○スマホやゲーム機を使っているときには、脳の中に（　　　　）がたくさん出ている
↓
（　　　　）がたくさん出ている間はほかの脳のはたらきは弱くなるという結果が！

☆スマホやゲームで長時間遊んだ後の（　　　）～（　　　）は、その間に勉強したり本を読んでも（　　　　）！！

○これまでの勉強をふり返り、自分はスマホやゲーム機とどう付き合っていくのかを考えよう。
①自分の生活を見直してみよう！

平日：（　）曜日の家でのすごし方は・・・

16時　17時　18時　19時　20時　21時　22時　23時　24時

※遊ぶ時間や勉強する時間、ご飯を食べたりお風呂に入ってねる時間など、この勉強を受けて自分はどんな生活を送るか、グラフに書いてお家での生活を表してみましょう！

②スマホやゲーム機の使い方をキャッチコピーにして表そう！
※自分がこれから守っていきたいこと・考えていくことができるようなキャッチコピー（短い言葉や呼びかけ）にしましょう！

③スマホやゲーム機の勉強をふり返って

④お家の人より（子どもたちの学習や考えを受けて、ぜひ感想をいただければと思います。）

5時間目
スマホやゲーム機と学力の関係を考える

キーワードは
・ドーパミン
・前頭前野

4. 眠たくなることの素晴らしさに気づかせたい！

スマホやゲーム機の悪影響について、子どもたちの意見で最も多かったのは「目が悪くなる」である。人間の目は高性能なカメラのようなものだと紹介し、ブルーライトについて取り上げた。そこから睡眠の話へとつなげていき、夜になるとあくびが出て眠たくなるのはメラトニンというホルモンが出ていることを説明した。眠たくなるようにできている人間の体に対し、無理に覚醒させてしまうスマホやゲーム機のブルーライトについてどう関わっていけばいいのか考えさせていきたい。

5. スマホやゲーム機の使い過ぎで成績が下がるのはホント?!

『2時間の学習効果が消える！やってはいけない脳の習慣』という本で取り上げられていたのは、スマホの使用時間と成績の関係についてのグラフである。これはぜひ保護者向けの懇談会などでも活用できる資料だと考える。使用時間が長いほど成績は相対的に右肩下がりになるとともに、脳の前頭前野のはたらきが鈍くなるという研究結果が出ている。特徴的なのは、スマホ使用が1時間未満の群の成績が相対的に一番高いという結果である。明確な根拠はないが、生活の中でスマホやゲームの使用を1時間程度と決めてコントロールできる子どもは学力も高めていけるということではないだろうかと分析した。

そして、NHKの番組ワールドウォッチングで特集されていたアメリカでのゲーム依存の三つ子について教材として取り上げた。ここでは末っ子が深刻なゲーム依存で、脳のはたらき（特に前頭前野）が弱くなっていたが、3週間ゲームをしなかったことで脳の働きが以前より活発になったという研究結果が紹介されている。つまり依存症を克服した例である。弱った脳の働きは元に戻すことができ、日々の生活を考えてコントロールすることの大切さに気づかせたい教材として子どもたちに受け止めさせた。

6. スマホやゲーム機との付き合い方は…

私の実践ではこの後これまでの勉強をふり返り、自分はスマホやゲーム機とどう付き合っていくのかを考えさせた。スマホやゲーム機との付き合い方についてキャッチコピーも考え、クラスで紹介し合った。そして最後に

書いた振り返りを１つ紹介したい。

「今脳に考えて…」

〈子どもが考えたキャッチコピー〉
- ゲームは１日１時間未満まで！
- スマホは１日２時間以下！
- 自分をコントロールしよう！
- 時間を決めて楽しく使おう！
- ゲームは１時間、睡眠10時

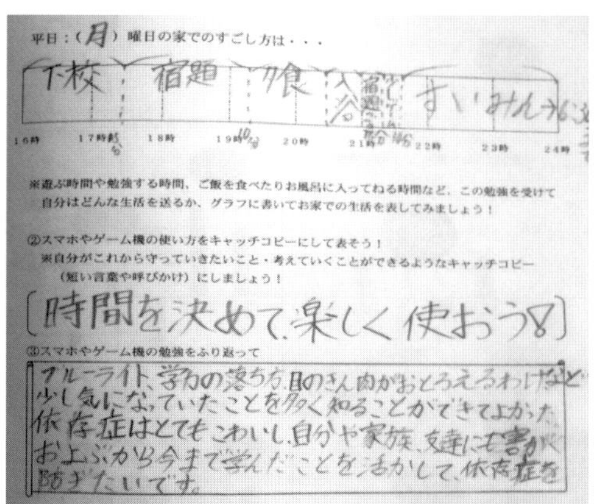
平日：（月）曜日の家でのすごし方は・・・

下校　宿題　夕食　入浴　すいみん

16時　17時　18時　19時　20時　21時　22時　23時　24時

※遊ぶ時間や勉強する時間、ご飯を食べたりお風呂に入ってねる時間など、この勉強を受けて自分はどんな生活を送るか、グラフに書いてお家での生活を表してみましょう！

②スマホやゲーム機の使い方をキャッチコピーにして表そう！
※自分がこれから守っていきたいこと・考えていくことができるようなキャッチコピー（短い言葉や呼びかけ）にしましょう！

［時間を決めて楽しく使おう♪］

③スマホやゲーム機の勉強をふり返って

ブルーライト、学力の落ち方、目のきん肉がおとろえるわけなど少し気になっていたことを多く知ることができてよかった。依存症はとてもこわいし、自分や家族、友達にも害がおよぶから今まで学んだことを活かして、依存症を防ぎたいです。

便利だから使いすぎはだめということがわかりました。なので「実際にゲーム機を１日使わずに生活してみたら？」とお母さんに言われたのでやってみました。１日となるとむずかしくて、気をそらそうとしても気になったりしました。毎日やっていたのでそれが日課になってしまっていました。もしかしたらこれが依存？と思いました。そしてそれをお母さんに言ってみたら、いっしょに解決する方法を考えてくれて、私たちが考えたのはゲームは１時間30分までで、ゲームがやりたくなったら弟と遊ぶというのになりました。スマホは便利で、いつか絶対に使うようになるから今のうちに時間を決めてやるなどの習慣をつけたいと思いました。そしてお母さんと一緒に考えられて良かったし気をつけようと思いました。

Ⅳ．「対話」の授業で、子どもたちが動き出す学習を

実践の中には、自分自身との対話、友だちや教師との対話、お家の人との対話など様々な対話の場面を用意した。自分の生活や思いを伝え合い、新たな科学的知識を得て自身の生活にまた生かしていく。そんな学習サイクルを生み出すことで「自分にできることは何か」を見つけ動き出すことができたとき、それこそが真の学びといえるだろう。現代的課題に向き合う１つの切り口として、スマホやゲーム機との付き合い方について学校教育ができることを考えていきたい。

【参考文献】

矢部武『携帯電磁波の人体影響』，集英社新書，2010年

横田晋務『2時間の学習効果が消える！やってはいけない脳の習慣』，青春新書，2016年

遠藤美季・墨岡孝，『ネット依存から子どもを救え』，光文社，2014年

坪田一男，『ブルーライト　体内時計への影響』，集英社新書，2013年

和田秀樹，『スマホで馬鹿になる』，時事通信社，2014年

古庄弘枝『スマホ汚染から赤ちゃん・子どもを守る』，鳥影社，2016年

石川結貴『スマホ廃人』，文春新書，2017年

のぶみ『ママのスマホになりたい』，WAVE出版，2016年

遠藤美季『本当に怖いスマホの話』，金の星社，2015年

健康教育
（水俣病から学ぶ）

Ⅰ．水俣病から何を学ぶのか

水俣病の原因はチッソが流した排水にメチル水銀が入っていたことであり、その第一に責任を負わねばならないのは、チッソという会社である。しかし、私たちはプラスチックや塩化ビニールが生活の中に出始めたとき、その便利さに驚いたものだ。それは化学物質を使用した生産物であり、生産過程でそれまで人類が知らなかった危険な物質も作りだしていた。しかし大量の購入者がいたからこそ、チッソや国は生産を止めなかった。公害と呼ばれる問題はどれも現代に生きる私たち自身も関わっているのではないか、という問いかけがなされる必要がある。生きるためには生活の糧が必要であり、そのために人々は様々な場面に直面したとき、どのような選択をしていくべきなのか。子どもたちに、被害者、加害者の視点だけでなく、自らも関わる問題として考えてもらいたい。

水俣病は特殊な状況下の病気ではない。国連で水俣条約が発行されたように、まさに人類的現代的課題である。水俣学として研究されるように、問題を多角的に捉え、なぜ、このようなことが起きてしまったのかを追究し、考えさせたい。21 世紀は環境の時代と言われている。水俣病は利益優先の環境破壊そのものである。不知火海で起こったことは、別の形でもっと深刻な形で起こり得ることである。「水俣病は終わっていない」といわれる。是非、授業では子どもたちに揺さぶりをかけたい。そのことで真の学力に繋がっていくと思う。

Ⅱ．扱うことの出来る関連教科として

水俣病から学ぶべきことは多い。高学年になり、日本や世界の存在を知り、地理的距離間や生産活動、社会活動、自然環境にも目を向けられるようになっている。何より子どもたちの発達段階で持っている知的リアリズムに働きかけることができる教材である。

例えば、理科では食物連鎖と環境の関連で、社会では生産活動と利潤の関連で、健康教育では脳神経や胎盤の役割との関連で、道徳では一人ひとりの生き方の問題として、国語では文学としても学べる。扱い方は総合的に学習するよう関連づける。学級の実態に合わせて組み直し、実践してほしい。

Ⅲ．現在につながる環境問題

水俣病は、1956 年５月１日に公式確認をされてから 60 年を過ぎている。劇症患者といわれる人々の多くは亡くなり、胎児性水俣病や慢性水俣病の人々は今なお苦しみ続けている。現在も係争中で裾野は不知火海沿岸一帯にいた 20 万の人々に広がるだろうといわれる。自然は破壊され、社会の絆も破壊された。メチル水銀を含んだヘドロは現在も、豊かであった水俣湾に魚と共に埋め立てられた

ままである。

Ⅳ．学習目標

学習目標を次のように設定した。

①水俣病の病変とその原因を知る。とくに環境破壊と食物連鎖について理解する。

②地域や社会の様子と変化を知る。背景には利潤を求めて生産活動する会社や行政の対応、商品の便利さを追い求めてきた自分たちの存在に気づく。

③グループや学級などで対話する力を育てる。

Ⅴ．全体計画例（全６時間）

時	ね　ら　い	内　　　　容	資　料
1	公害が起きる前の水俣市の姿とチッソ工場について知る。	水俣市の場所を地図で確認し、農漁村の様子、自然豊かな不知火海沿岸の様子を知る。当時チッソ水俣工場が生産していたものと、それによって住民が働く場所を得たり、国民生活が便利になっていったことを知る。	日本地図 不知火海、農漁村、工場の写真 製品の写真 漁村の生活絵
2	自然の異変、続いて人間にあらわれた病気の発生を知る。	水俣市付近の不知火海沿岸で魚や貝などの異変、鳥の落下、猫の異変がみられる。そして人にも異変が起きてきた。静子さん、実子さんの病気を姉である下田綾子さんの手記で知る。母や姉の視点で家族の思いを想像する。	当時の魚、鳥、ねこの映像 『証言水俣病』
3	劇症患者の様子と異変の原因を知る。	始めは目立たなかった（隠した）が、漁村のあちこちで同じ症状の人が出る。また、劇症患者で発症してすぐに亡くなる人も出る。劇症患者の症状と慢性患者の症状について知る。その原因について考える。メチル水銀と食物連鎖。	症状の写真 症状の解説図 工場排水写真 食物連鎖図
4	胎児性水俣病について知る。	原田正純医師の２人の兄弟との出会い、上村智子さんとお母さんについて知る。智子さんのお母さんが智子さんを「宝子」と呼んだわけを考える。化学物質が胎盤を通過することが世界で初めてわかった。坂本しのぶさんの話。	『いのちの旅』 『母と子でみる水俣の人々』
5	チッソ会社の対応を考える。	チッソは原因が工場排水にあることを知りながらアセトアルデヒド生産を続ける。これを原料にプラスチックや塩化ビニールが全国で生産される。排水口を港から水俣川へ付け替える。生産を続けたわけと排水を水俣川へ流した理由を考える。	生産量と製品 不知火海の地図、患者の発生地図
6	水俣病は終わらない。	チッソ、国、県の患者への対応をみて、自然を破壊して起こる問題を日本や世界でみる。患者申請が増えていく状況を知る。 一人ひとりが、自分の考えをまとめる。	認定患者と救済対象者数 水俣条約

Ⅵ. 授業づくり

1. 第１時：水俣病患者が多発する前の不知火海と漁村、水俣市とチッソ工場

（1）ねらい

・自然豊かな不知火海（広さ、水深、内海、潮流、魚影と水俣湾）と漁村、一方でチッソ工場で働く人々の姿を知る。
・チッソ工場の製品と国民生活について知る。
・人々の生活の様子を知って、子どもたち自身がどんな生活を望むのかを考える。

（2）学習の流れ

①日本地図から不知火海の位置や広さを確認する。その中の水俣市の位置を確認する。

不知火海は内海で北から南まで約 50 ㎞、細いひょうたん型の形をしている。水深は平均20ｍの浅い海で内海を回遊する魚もいる。水俣湾はその中で水深 30m、水温も他の場所より温かく、秋から春にかけて魚が集まるよい漁場であった。ふだんはなぎの様な静かな海だが大潮のときには水面が４ｍほども差が起きて、大きな流れが起きる。（「不知火海の写真や映像」資料１）

②その中で漁村は半農半漁の生活を貧しいながらも豊かな海の幸（貝類、魚、たこ、海草など）を得て、家族や地域が力を合わせて生活していた。（「漁の絵や写真」資料２）

③水俣市は戦前から唯一の産業であるチッソ水俣工場があり、人々はその労働者として生活し、「チッソ城下町」と呼ばれ、市民はチッソに生活を頼っていた。チッソで生産された製品は原料として使われ、戦後の国民生活の豊かさや発展の象徴として、プラスチック製品や塩化ビニールなどの化学製品を生み出していた。原料（アセトアルデヒド）は全国６割以上の生産量であった。漁師の中にも昼間はチッソで働く者がいた。（「チッソ水俣工場写真」「アセトアルデヒドを作るため水銀が使われた」資料３）

④漁村や水俣の人々の生活、当時の国民生活から、子どもたち自身が自分であったらどんな生活を望んだかを想像し、考える（漁村にいたら、会社で働いていたら、プラスチックや塩化ビニールを使い始めた国民であったら）。

＊資料１：インターネットから検索（穏やかな不知火海）
＊資料２、資料３：水俣病センター相思社編「絵で見る水俣病」世織書房、100 ～ 105 頁、113、115 頁

2. 第２時：不知火海沿岸の自然の異変、続いて人間にあらわれた病気

（1）ねらい

・不知火海水俣市付近の沿岸に異変が起き始める。その様子を知り、原因を考える。
・静子さん、実子さんの病気や家族の様子を姉である綾子さんの手記で知る。
・静子さん、実子さん家族の気持ちを想像する。

（2）学習の流れ

・水俣湾付近の沿岸で生き物が奇妙な動きや死に方をする。魚がふらふらと泳いで網ですくえたり、貝類の死骸、飛べなくなった鳥、ネコ、犬や豚が死ぬなどの異常な姿を写真や映像（資料４）などで見る。なぜ、このようなことになったのかを考える。
・静子、実子さんの病気になったときの様子と、家族の様子を姉綾子さんの手記で知る。

（資料5）5才の静子さんが突然、歩けなくなり、言葉もうまく話せなくなった。病院に運ぶが原因がわからず、それから10日ほどたって、仲の良かった妹の実子さん（3才）も同じ症状があらわれて綾子さん（小学5年）に背負われて静子さんのいる病院に運ばれた。

今まで元気に話し、生活していた2人が突然、あらわれた症状に本人たちや家族が戸惑い、生活が一変したことを想像してみる（姉の綾子さんは小学5年）。当初、「奇病」とよばれ「伝染病」とも思われた家族はまわりから、どのように扱われたのかを知る。そのときの家族の気持ちを考える。

・病気が保健所で確認されたが、始めは目立たなかった（隠した）。しかし、漁村のあちこちで同じ症状の人が出てきていることを知る。「目立たなかった（隠した）」わけを学習をもとに考える。伝染病と疑われ、嫌がられる。漁村では患者が出ると魚が売れなくなる。会社で生活している人は工場が原因とされると、仕事がなくなることをおそれた。地域、親戚関係が壊れていった。

＊資料4：NHKTV「戦後史証言プロジェクト　日本人は何をめざしてきたのか　第2回水俣」より

＊資料5：栗原彬編「証言水俣病（幼い妹が『奇病』に）」岩波新書、29～41頁より抜粋

3.　第3時：劇症患者の様子と病気の原因

(1)　ねらい

・患者の増加と劇症患者の症状を知る。劇症ではないが慢性患者の症状も知る。

・病気の原因が工場排水に含まれた「メチル水銀（有機水銀）」であることを知る。

・人間の症状が表れるまでに「食物連鎖」があり、自然が破壊されたことを知る。

(2)　学習の流れ

・「劇症」とよばれる患者の症状を知る。「慢性」の症状もあり、内容を写真や、動画をみて知る（資料6）。

・前時で考えた原因について知る。沿岸にあらわれた生物の異変、そして人間にあらわれた病気を図につないで、その間にあるつながりが何かを考える。そのつながりに「食べ物」があることに気づく。大型動物から順に、人間、豚、犬、ネコ、鳥、魚、貝やたこ、えびやウニ、ゴカイ、動物・植物プランクトン。それらはお互いに、「食べる食べられる」関係にあることに気づく。そのつながりを「食物連鎖」と呼ぶことを知る。最も小さな微生物はさらに小さな有機物を食べるが、そこで有毒なものを食べると、「濃縮された毒」がさらに大きな動物に大量に蓄えられていくことを知る。「微生物が摂取した有毒な有機物はどこからきたのだろう？」チッソ水俣工場に容易にたどりつくだろう。廃液が工場から百間港にながされる写真をヒントに見せる。食物連鎖図（資料7）。工場排水写真（資料8）。

・プラスチックや塩化ビニールをつくる原料「アセトアルデヒド」の生産過程で「メチル水銀（有機水銀）もつくられ廃液の中に混じって流されていたことを知る。

＊資料6：インターネットから検索。桑原史成著「母と子でみる水俣の人々」草の根出版会、44,45,93,96,97頁

＊資料7：資料2に同じ、119頁

＊資料8：資料4に同じ、インターネットからも検索できる。

4.　第4時：胎児性水俣病

(1)　ねらい

・原田正純医師が出会った2人の兄弟について知る。

・智子さんへ向けられる家族の笑顔のわけを

考える。
・化学物質（メチル水銀）が胎盤を通過する胎児性水俣病について知る。

（2）学習の流れ

・原田医師が水俣の漁村を訪れたとき、症状のそっくり同じ子どもの兄弟に出会った。お母さんは兄の方は魚介類を食べたから水俣病で、弟は食べていないから小児麻痺だと説明した。しかし、それは医師から言われたことでお母さんは信じていなかった。原田医師は同じように魚介類を食べずに同じ症状が出た子どもたちを調べて、これまで医学の世界では胎盤は毒物を通さないという常識は間違いであることを発見した。それは残された赤ちゃんのへその緒を調べることで証明された。ここでへその緒は誰の血液であるかを考える。血液は赤ちゃんの血液であり、生まれたばかりの赤ちゃんは外から何も食べていない。

・胎児性水俣病の智子さん家族の写真を見る（資料 9）。いずれも智子さんを抱く家族はみなにこにこしている。お母さんは智子さんのことを「宝子」と言った。そのわけを考えてみる。お母さんはそのわけを話している（資料 10）。智子さんが生まれたことでその世話で忙しいお母さんを兄弟たちが助けてとても仲良く、優しい子どもたちに育ったこと。智子さんがお母さんの身体の中にあるメチル水銀をへその緒を通して自分の中に取り込んで、お母さんや弟、妹たちの健康を守ってくれたことなどを知る。

・同じように胎児性水俣病になったしのぶさんのことを知る。しのぶさんは成長して、1972 年、ストックホルムでの第 1 回国連人間環境会議にでかけ、NGO の集会に参加したり、2017 年のジュネーブにおける水俣条約締結国会議に出席して、水俣病になった自分を見てもらい水銀のこわさや、水俣病が終わっていないことを世界の参加者に伝えた。（資料 11）

＊資料 9：桑原史成著「母と子でみる水俣の人々」草の根出版会、56,60 頁
＊資料 10：原田正純著「いのちの旅　水俣学への軌跡」岩波現代文庫（宝子を見て育つ）、14,15 頁
＊資料 11：インターネット検索「ジュネーブ　水銀　坂本しのぶ」

5.　第 5 時：会社チッソと国の対応

（1）ねらい

・会社チッソは病気の原因が工場排水にあることを知りながらアセトアルデヒドの生産をなぜ止めなかったのかを考え、その背景を知る。
・原因が会社であることを隠して、どんな対策を立てたのかを知る。
・国（政府）も原因を知りながら放置し、住民の被害対策を怠った理由を考える。

（2）学習の流れ

・高度成長期とよばれる時期に会社チッソはアセトアルデヒド生産量が全国の 6 割を占め、それを原料にプラスチックや塩化ビニールが全国で生産された。空前の利益をもとに千葉県にさらに近代的な工場を作りたかった。

・会社チッソは工場排水が原因であることを認めず、一方で、排水口を百間港から水俣川河口につけかえる。このことにより河川沖の動物プランクトン→カタクチイワシ→タチウオ（回遊性）などの食物連鎖が起きる。濃縮されたメチル水銀を取り込んだ魚介類を不知火海対岸の御所浦を含む沿岸一帯のネコや

人々が食べる。また、排水をきれいにするサーキュレーター（除去装置）をつけたと宣伝したが、メチル水銀には何の効果もなかった。また、急性症状の患者には会社の原因とは認めないけれど、見舞金（亡くなった人30万円）を渡すことにして、原因が会社とわかったときも不平を言わないという契約を結んだ（後に裁判で無効とされた）。会社は国が水俣病についての正式見解を出す1968年になってようやくアセトアルデヒド生産を止めた。会社はその時期に千葉県に新型の化学工場を建てたときだった。水俣病発生から10年がたち、「失われた10年」とよばれる。その意味を考える。

6. 第6時：水俣病は終わらない

(1) ねらい

・国（政府）も原因を知りながら放置し、住民の被害対策を怠った理由を考える。

・被害が出てきたときに、会社、地域、市、県、国（政府）、私たちはどうすべきだったのかをふり返る。

・水俣病を自然を破壊する環境問題ととらえ、現在も起こっている日本や世界の課題に目を向ける。

(2) 学習の流れ

・国（政府）も原因がメチル水銀という報告を受けながら1968年まで認定せず、被害を広げた。国はさらに近代的な化学工場をチッソに作らせるため、その利益をあげさせるために工場の責任を認めず、アセトアルデヒド生産を止めなかった。裁判が起き、会社の責任、さらに国の責任も認められたが、責任（償い）として被害者に補償金を支払うことになったが、患者の認定基準を厳しくして補償金を多く支払わないようにしている。そのため今でも患者認定をもとめて多くの人が裁判をおこしている（認定患者2282人、内約2000人死亡、認定外で政治解決第1回約1万1千人、第2回約3万6千人、資料12）

・水俣病患者は健康被害だけでなく「奇病」や「伝染病」とよばれて、地域の中で孤立し、水俣市民でさえ市外へ出れば、偏見の目でみられた。1956年5月に保健所に届けられてからあとの11月には熊本大学研究班が伝染病ではなく魚介類を原因とした重金属中毒と発表していた。このとき、行政が伝染病ではないと人々に知らせ、魚介類の摂取を止めるように指導し、魚介類の販売禁止と漁業従事者の生活を保障し、工場の排水を止めていれば被害は最小限にとどまっていたはずである。さらに製品を利用していた国民はどうすべきだったのかを考える。

・不知火海沿岸の住民数から判断すると被害患者は20万人に広がるともいわれる。3つの破壊（人間破壊、自然破壊、社会破壊）を起こさないためにどんなことが大切なのかを考える。答えは子どもたち自身の力で考えさせ、その考えを大切にしたい。教室内のグループや友だち、家族などと対話する力を育てたい。

＊資料12：熊本日日新聞2016.5.1〈特集〉水俣病公式確認60年

【参考文献】

上野山小百合・大津紀子編『子どもが動き出す授業づくり』いかだ社、2017年

岡本達明『水俣病の民衆史』日本評論社、2015年

水俣病50年取材班『水俣病50年』西日本新聞社、2006年

体育理論
（オリンピック・パラリンピック）

Ⅰ．小学校における「体育理論」の学習について

体育理論は、学習指導要領において、中学校・高等学校の保健体育科の学習内容として位置づけられている。しかし、小学校ではそうではない。「なぜ、小学生に体育理論の授業なのか」「小学生対象の体育理論の授業ってイメージが湧かない」と感じている人も多く存在するだろう。だからと言って、実践する必要がないというわけではない。子どもたちが運動文化の継承・発展の主体者になっていくためにも、ただ単にスポーツを「する」だけではなく、その競技が持っている文化を多面的に学ぶことも必要であろう。

小学校で体育理論の学習を実践するには、以下の２つの方法が考えられる。

まずは、体育実技の学習の際に、その競技のルールや道具、その歴史などの学習を織り交ぜることである。具体的には、授業開始前のオリエンテーションや自分たち独自のルールづくりをするときなどが考えられる。

次に考えられるのが、「総合的な学習の時間」と関連させることである。学習指導要領（第５章　総合的な学習の時間）においても、次の文言が記述されている。

（2）地域や学校、児童の実態等に応じて、教科等の枠を超えた横断的・総合的な学習、探究的な学習、児童の興味・関心等に基づく学習など創意工夫を生かした教育活動を行うこと。

（5）学習活動については、学校の実態に応じて、例えば国際理解、情報、環境、福祉・健康などの横断的・総合的な課題についての学習活動、児童の興味・関心に基づく課題についての学習活動、地域の人々の暮らし、伝統と文化など地域や学校の特色に応じた課題についての学習活動などを行うこと。

（6）各教科、道徳、外国語活動及び特別活動で身に付けた知識や技能等を相互に関連付け、学習や生活において生かし、それらが総合的に働くようにすること。

例えば、障害者スポーツに関する学習は、上記の「福祉・健康」などと関連づけることで学習できる。これら文言を根拠にすることで、体育理論の学習内容を取り入れた指導計画を作成することが可能であり、小学校でも体育理論の学習を実践することが可能になる。

Ⅱ．教材について（５年生・オリンピック）

オリンピックは、世界の様々な都市で開催されてきた。今や世界最大のスポーツの祭典として、開催期間中は全世界の約半数の 36

億人もの人々がテレビの前で釘づけとなっている（2016年リオデジャネイロ大会の場合）。子どもたちにとっても、オリンピックは最も身近なスポーツ（大会）そのものであろう（小学生なら、生まれてから１度はオリンピックが開催されている）。スポーツ経験の有無にかかわらず、オリンピック・イヤーになると、オリンピックの話題が自然と口から出てくるのがその証拠だ。

しかしながら、子どもたちにとってオリンピックは「テレビで見るもの」でしかなく、漠然としたイメージしかない。例えば、野球を熱心に取り組んでいる子は、野球がいまだにオリンピック競技であると思っている（ちなみに、野球は、2012年ロンドン大会から正式競技から除外された）。この例からもわかるように、子どもたちは、とても限られたスポーツ観の中で生きている。

これからの体育学習は、技能習熟・技術認識の面だけでなく、文化的認識も含めて、トータルに「体育の学力」として捉える必要がある。その意味でも、文化的認識を育成することができる体育理論の授業は重要であり、オリンピックを教材化とし、学習することは、小学生の学習内容としても適切だろう。

Ⅲ．ねらい（5年生・オリンピック）

・オリンピックの基本事項（歴史、競技など）について理解する。
・日本とオリンピックの関わりについて理解する。
・オリンピック精神とフェアプレイの意義について考え、スポーツだけでなく日常生活にもそれらの精神を生かせるかを考える。

Ⅳ．学習の全体計画（5年生・オリンピック）

		学習活動	学習内容
近代オリンピックについて知ろう	1・2	・オリンピックについて、自分の知っている知識を確認する。 ・オリンピックの基本事項（歴史、オリンピック・シンボル、競技種目など）について知る。	・オリンピックについて知っていること・イメージすることを書き出し、クラス全体で共有する。 ・オリンピックの基本事項について学ぶ。 ＊開催周期 ＊開催時期（夏季 or 冬季） ＊オリンピック・シンボルについて（色や形、意味など） ＊競技種目について ＊古代オリンピックについて（歴史、競技種目、近代オリンピックとの違いなど）
日本とオリンピックとの関わりを知ろう	3・4	・過去３回の日本で開催されたオリンピックについて知る。	・日本で過去３回開催されたオリンピックについて学ぶ。 ＊東京夏季五輪（1964年） ＊札幌冬季五輪（1972年） ＊長野冬季五輪（1998年） ※東京五輪（第32回大会）も取り上げてもよい。

日本とオリンピックとの関わりを知ろう	3・4	・日本のオリンピアンについて知る。	・「日本で最初の○○」オリンピアンについて学ぶ。 （一例） ＊最初のオリンピアン ＊最初の女性オリンピアン ＊最初の金メダリスト ＊最初の女性金メダリスト ＊最年少のオリンピアン ＊最年長のオリンピアン
オリンピック精神について考えよう	5・6	・オリンピックを例に、スポーツにおけるフェアプレイの意味を考える。 ・クーベルタンの格言から、オリンピックの参加意義を考える。	・スポーツにおけるフェアプレイの意義を考え、自分なりの意見を持つことができる。 （一例） ＊ロサンゼルス五輪男子柔道決勝における山下康裕とラシュワンとの対戦。 ＊ドーピング問題（ロシアやカヌー競技を例に）。 ＊リオ五輪の難民選手団 ・クーベルタンの格言から、オリンピックの参加意義を考え、自分なりの意見を持つことができる。 ＊クーベルタン格言「オリンピックで重要なことは、勝つことではなく参加することである」 ＊オリンピックの国別メダル数、オリンピックの人口対比メダル数、オリンピックのメダル数と経済規模との相関など様々なデータがあるので、それぞれを対比させながら学習すると、新たな捉え方ができる。

Ⅴ．授業プラン（5年生・オリンピック）

1.　第２時：オリンピックについて知ろう

（1）オリンピック・シンボルを知る

オリンピック・シンボルは、オリンピックを最も安易にイメージしやすいものであり、また、オリンピック関連のもので最も目にしているものだろう。その一方で、子どもたちはそれらのすべて（色や形など）を知っているかというとそうでもない。学習を進めていくことで、既有知識を確かなものにしていきたい。

・オリンピック・シンボルをパズルのようにしたものを配布し、形を完成させる。
・形が完成したら、予想しながら５つの輪それぞれの色を考える。完成後は、自分が作成した五輪旗と本物とを比べる。
・５色の意味を考える。なお、５色の意味は特に決まっておらず、例えば、次のような意味が考えられ、諸説あると確認する。

- ５つの大陸（ヨーロッパ、南北アメリカ、アフリカ、アジア、オセアニア）
- ５つの自然現象（赤：火、青：水、緑：木、黒：土、黄色：砂）
- スポーツの５大鉄則（情熱、水分、体力、技術、栄養）
- ５色に白色を加えた６色で、世界の国旗（シンボルができた当時）のすべてが描けた。

【オリンピック・シンボルパズルの一例】

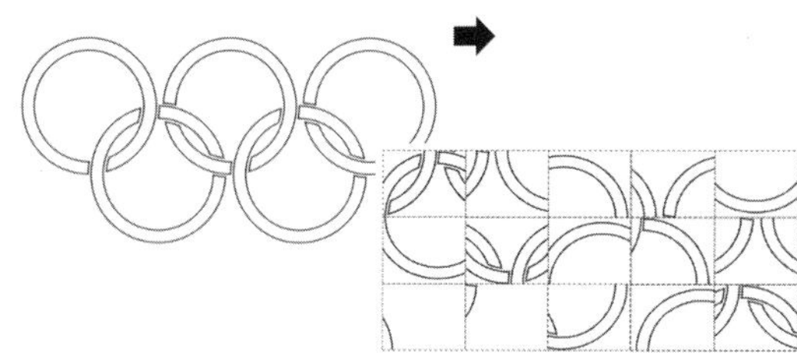

このように、特に小学生対象の体育理論の学習では、教え込みだけに陥らないように、教材に少し工夫を加えて、授業を楽しく進めていけるよう心がけていきたい。

2. 第５時：スポーツにおけるフェアプレイの意味を考えよう

(1) ドーピング問題について考える

ドーピング問題は、いまだに減少せず、むしろ増加していく一方である。近年では、ロシアが国家ぐるみでドーピングにかかわっていた問題は、全世界を揺るがす大問題となった。これまでも「フェアプレイの精神」「公正・公平のもとでスポーツをすることに価値がある」などスポーツ倫理の観点からのアンチ・ドーピングに関する教育の必要性が言われており、これからもますます重要になってくる。

我が国でも、水泳競技でドーピング違反が、さらに、カヌー競技者の間で、飲料に禁止薬物を故意に混入させ、ドーピング違反に陥れる事件も発生した。また、普段何気なく摂取しているサプリメントや一般医療薬品に禁止薬物が含まれており、ドーピング違反となるケースも増えている。

以上のことからも、今後は、スポーツ倫理の観点からのアンチ・ドーピング教育だけでなく、「いつでも巻き込まれる可能性がある」ことを自覚し、自己管理し、責任ある行動を促すようなアンチ・ドーピング教育も欠かせないのではないだろうか。そこで、次のような学習を進めていくことで、ドーピングに対する問題意識を高め、フェアプレイについて学習していきたい。

- フェアプレイとは何だろうか（山下康裕とラシュワンとの対戦を例に）。

フェアプレイとは（解答例）
- 決められたルールを守って正々堂々とプレーすること。
- 勝敗を越えてお互いを認め合い、たたえあう態度。

- なぜ、ドーピングをしてはいけないのだろうか。

（解答例）
- フェアプレイの精神に反する。
- そこまでして勝ちたいのか（勝利至上主義への疑問）。
- 健康を害する。　　　　など

- いつでも誰でも、ドーピング問題の当事者になる可能性があることを知る。

（活動例）
・身近なサプリメントや一般医療薬品に禁止薬物が含まれていることを知る。
⇒Global DRO JAPANの公式HP（http://www.globaldro.com/JP/search）で、一般医療薬品に禁止薬物が含まれているかを競技別に調べることができる。
・飲料に禁止薬物を故意に混入させ、ドーピング違反にならないためには、どうすべきなのかを考える。
⇒＊自分で開けた飲料しか飲まない。
＊飲料から１度でも目を離したら、飲まない。
＊飲料は、肌身離さず持っておく。
など

Ⅵ．教材について（６年生・障がい者スポーツ）

欧米各国において、障がい者スポーツは、一般スポーツと対等・平等に位置づけられており、施設面でもかなり充実している。パラリンピック2012年ロンドン大会の際は、オリンピック並みの盛り上がりだったという。一方、我が国では、第32回東京大会開催決定以降、国民の障がい者スポーツの認知度は高まってきたものの、やはり、欧米各国のそれには、まだまだ至っていないだろう。

我が国では、これまでも多くの学校で障がい者理解教育（特別支援学校との交流教育など）が実践され、子どもたちの障がい者に対する理解も比較的進んでいると思われる。しかし一方で、これまでの障がい者理解教育は、「障がい者はかわいそう」「障がい者には優しくしよう」など同情論で終わってしまう授業になりがちだという課題もあったのも事実である。

障がい者スポーツには、障がいの有無にかかわらず、自分の限界に挑戦でき、楽しさが味わえ、全力で競い合える権利があることを私たちにわからせてくれる。誰もが平等に享受できるスポーツの本来の姿を教えてくれる。これこそ、いま求められている誰もが相互に人格と個性を尊重し支え合い、人々の多様な在り方を相互に認め合える全員参加型の社会＝共生社会に必要な認識なのではないだろうか。

このように、障がい者スポーツを学習することは、スポーツを通して、これまでと違った障がい者理解教育の新たな視点を与えてくれるものになる。

Ⅶ．ねらい

・障がい者スポーツの種目やその歴史、ルール、道具などを調べる中で、障がい者スポーツにはどんな障がいがあっても楽しめる工夫がされていることを理解する。
・障がい者スポーツ種目に関して、調べたことを周りの人々に伝えることができる。
・パラリンピアンの生き方を学ぶ中で、その人たちの願いや思い、また、それを支える人々の思いを知る。

Ⅷ. 学習活動
（6年生・障がい者スポーツ）

		学習活動	学習内容
障がい者スポーツについて知ろう	1・2	・パラリンピックについて知る。 ・障がい者スポーツには、どのような競技種目があるか調べる。	・パラリンピックについて知っていること・イメージすることを書き出し、クラス全体で共有する。 ・パラリンピックの基本事項について学ぶ。 ＊開催周期 ＊開催時期（夏季 or 冬季） ＊パラリンピック・シンボルについて（色や形、意味など） ＊競技種目について ＊パラリンピックの歴史 ＊ストーク・マンデビル競技大会について ・障がい者スポーツには、どのような競技種目があるかを予想し、インターネットなどで調べる。
障がい者スポーツを詳しく調べ、ガイドブックをつくろう	3・4・5・6・7・8	・調べたい障がい者スポーツの競技種目を選ぶ。 ・選んだ障がい者スポーツのルールなどを知る。 ・ガイドブックづくりに取り組む。 ・調べた障がい者スポーツ種目を紹介する（発表会）。	・調べたい障がい者スポーツの競技種目を選び、インターネットなどを利用して詳しく調べる。 ・文章だけでなく、図表を用いて誰が見てもわかりやすいものになるように簡潔にまとめる（他教科で学習した表現技技法を参考にして）。 ・発表会に向け、発表の順番、役割分担などについて話し合う。 ・発表会を自分たちで運営する。
障がい者スポーツに関わる人に迫ろう	9・10	・障がい者スポーツに携わる人々の生き方、その思いや願いについて考える。	・障がい者スポーツに携わる人々の生き方を学ぶ中で、それらの人々の思いや願いを知り、障がい者スポーツへの理解を深める。

Ⅸ. 授業プラン
（6年生・障がい者スポーツ）

1. 第3～8時　障がい者スポーツを詳しく調べ、ガイドブックをつくろう

（1）調べたい障がい者スポーツを選ぶ

子どもたちにとって障がい者スポーツはあまり身近なものでなく、選択にかなり時間を要する子どもが多いと想定される。そこで次

のような支援によって、各競技種目のイメージを膨らませていきたい。

- パラリンピックや全国障害者スポーツ大会の競技種目を参考に決めさせるとよい。特に、全国障害者スポーツ大会は、パラリンピックにはないマイナーな競技種目もあるので、子どもたちの選択肢を広げられる。
- 運動経験のある競技種目の障がい者を対象にしたものから選ぶと、より興味を持って主体的に調べられる。

(2) ガイドブックづくりをする

- ガイドブックづくりは、次のようなことにも注意して、学習を進めていきたい。

- 健常者が行う競技種目とそれに該当する障がい者スポーツとを比較しながらまとめると、イメージがつきやすい。
- 図表などを用いて、簡潔にまとめる（他教科で学習したように）。
- 子どもたちの質問に答えられるよう、教師も子どもたちが選んだ競技種目のルールなどを事前学習しておくとよい。

- 上記のように比較しながら、ルールなどをまとめていくことで、そのスポーツの新たな一面が見えてくる。ただ単にガイドブックづくりをするのではなく、新たなスポーツの見方や考え方ができるための学習をしていきたい。
- 調べる際は、各競技団体のホームページを参考にするとよい。その競技種目について詳細に記載されており、近年はかなり充実してきている。
- 器具・用具などを自作し、その競技種目を体験してみるのもよい。

(3) 発表会に向けて

他領域（器械運動など）の発表会と同様に、子どもたちの企画・運営能力を育てる機会として捉えられ、発表会に向け、どのような発表会にしたいのかをクラスで合意形成しながら、発表会に向けて学習を進めていき、子どもたちが意欲的に取り組めるようにしていきたい。

例えば、リーダーや実行委員を中心に次のようなことについて話し合い、発表会計画を作成していくことが考えられる。

- 誰に発表会を見てもらうか（他学年の子どもたち、保護者など）。
- 発表会の内容やプログラムについて。
- 発表会に向けての役割分担や準備物、ガイドブックの印刷、製本などについて。

ここでは、一例として、次のようなプログラムを示す。

- 初めの挨拶
- 調べた障がい者スポーツの発表
- 発表を聞いての感想や質疑応答
  （以後、この２つを繰り返す）
- 終わりの挨拶と参観者の感想

2. 第９・10時　障がい者スポーツに関わる人に迫ろう

(1) 障がい者スポーツに携わる人たちの生き方、その思いや願いについて考える。

ここでは、障がい者スポーツに携わる人の生き方、その思いや願いから、障がい者スポーツへの考えをさらに深めていきたい。取り上げる人物については、パラアスリートはもちろんのこと、義肢装具士などサポートする側の人々も取り上げられることも考えられる。

- パラアスリートが、障害を負ってしまったときの気持ちを考える。
- パラアスリートがどのように立ち直り、競技に取り組めたのかを考える。
- パラアスリートを支える側にはどのような人々がいるのかを知る。
- パラアスリートを支える人々のその思いや願いを知る。
- 子どもたちには、自分が当事者だった場合も同時に考えさせたい。
- いずれ学習活動も、ペアやグループ活動などで、他者との交流を通して自分の考えをより確かなものにしていきたい。

X．指導上の留意点

- オリンピックや障がい者スポーツ（パラリンピック）に関する資料がウェブ上で多く公開されているので、それを参考に学年に応じた自主教材を作成していくとよい。

〈参考にできる教材の一例〉

- I'M POSSIBLE（国際パラリンピック委員会作成の教材）
- オリンピック・パラリンピック学習読本（小・中・高）

※上記2つは、東京オリンピック・パラリンピック競技大会組織委員会HPで公開されている。

〈パラアスリートやそれを支える人々の一例〉

- 谷（佐藤）真海さん（陸上競技）
  ＊佐藤真海著『夢を跳ぶ－パラリンピック・アスリートの挑戦』岩波ジュニア新書（岩波書店）
  ※なお、本書は教育出版社「伝え合う言葉 中学国語2」にも掲載されている。
- 山本篤さん（陸上競技、義肢装具士）
  ＊鈴木祐子著『義足のアスリート 山本篤』東洋館出版社
- 臼井二美男さん（義肢装具士）
  ＊臼井二美男著『転んでも、大丈夫 ぼくが義足を作る理由』ポプラ社など

- 授業時数に余裕があれば各競技種目の実技も交えながら学習を進めていく（例えば、体育の授業と連携して）と、障がい者スポーツに対する認識をさらに深められる。
- 各地域に各競技種目の資料提供や器具・用具などの貸出をしてくれる団体・企業があるので、積極的に連携していきたい。

（一例）

- 各地方自治体の福祉事務所、障がい者センター
- 義肢や装具、車いすなどを製造・販売をしている企業　など

おわりに

すでに、『新みんなが輝く体育１　小学校低学年　体育の授業』（2019 年７月）、『新みんなが輝く体育２　小学校中学年　体育の授業』（2019 年９月）が発刊され、これに続こうと編集が終盤になった頃、新型コロナウイルス感染拡大が広まりました。この感染拡大の猛威を受けて、2020 年４月７日に政府から緊急事態宣言が発令されました。全国の多くの学校では、４月８日から５月末までの約２ヶ月間、学校閉校を余儀なくされました。そして、学校水泳の中止、運動会の簡素化、校内マラソン大会の中止等、子どもたちが楽しみにしていた行事が中止及び簡素化されました。さらに、授業の遅れのための学力保障、授業時数の確保という理由で、夏休みでの登校が実施され、教師の過労、多忙化が深刻な事態となりました。

また、社会の状況を見てみると、新型コロナウイルス感染拡大による雇用危機がますます深刻な状況となっています。厚生労働省は「新型コロナ感染症に起因する解雇や雇い止め者数は統計を取り始めた 2020 年２月は 262 人だったのに、2020 年９月 11 日時点で見込み数を含め５万 4817 人」と発表しました。200 万人いるといわれるフリーランスを本業とする人々が調査に含まれていないことからしても、事態は深刻です。このままだと、一気に家庭の状況が悪化し、子どもたちの生活にさらに悪影響を及ぼすことは必至です。今後、更に子どもたちを取り巻く社会や教育環境の悪化に拍車をかけていくことが考えられます。

しかし、こういう厳しい状況の中だからこそ、子どもたちを「困らせている子」としてみるのではなく、「発達していく可能態」として肯定的にみて、子どもたちの目が輝く体育・健康教育の実践をしていくことが求められています。

学校体育研究同志会常任委員会は 2020 年６月６日「学校再開にあたり体育で何を大切にすべきか」―体育の授業づくりに対する提言―を発表しました。その主な要旨は以下の通りです。（全文は学校体育研究同志会HPhttp://taiiku-doshikai.org/）

子どもたちから出発した教育課程の編成を

(1) 体育・保健体育の価値を共有する

「体育」「保健」を通して考えられるのは、運動技術や戦術の学び、心身の解放、からだづくり、楽しさ、仲間づくり、文化としてのスポーツの学びなどです。私たちは「ともにうまくなる」「ともに楽しみ競い合う」「ともに意味を問い直す」の三つの「ともに」を大切にしてきました

また、運動会や体育祭を中心とする体育的行事は、教科の学習を生かした学習の場であり、自治を学ぶ意味をもっています。教科や行事のあり方を確認し合って再開に向かいましょう。

(2) 子どもから出発する、子どもの必要は何かを考える

遅れを取り戻すという発想では、子どもたちを追い込むことになりかねません。同時に子どもたちが何を欲しているかも重要

です。水泳をやらないと決めた学校がありますが、それが子どもたちの必要に根ざした判断でしょうか。主体的な判断が求められます。

(3) 安全への配慮と子どもの参画

運動を行うときは、安全への配慮は必要です。子どもたちを安全確保の主体にして、3密（密閉、密集、密接）を避けて体育を行う工夫を考えましょう。保健室や病院などの医療機関との関係を構築していくことが大切です。

(4)「わかる」「できる」「ともに学ぶ」楽しさを大切に

運動を指導するときに「何がわかればできるようになるのか」を考えることは大切です。

また、子どもは友だちと「ともに」学び合うことに楽しさを見いだしています。

(5)「からだ」を学び、自身の成長を促すこと

体力の低下を理由に安易な体力づくりやトレーニングを中心とした一方的な教師主導の体育に向かうのではなく、自分のからだと向き合うことが必要です。

今、コロナ禍にあって、オンラインの授業も行われています。今後、オンラインで繋がる体育の授業や研究会のメリット・デメリットが更に話題となってくるでしょう。アフターコロナの時代に、新たな「子どもたちを主人公にした体育・スポーツの学び」の可能性を共に探っていきたいものです。

ここに、執筆された実践プランは、コロナ禍以前のものですが、子どもたちの目が輝く体育・保健体育実践をしたいという試行錯誤の実践を通じて、練られた実践プランです。ぜひ、これを叩き台にして、実践し、新たな実践プランを作っていただければ幸いです。

最後になりましたが、不慣れな編集作業で執筆者の方には、大変ご迷惑をおかけました。それにも関わらず、熱い思いのこもった原稿を寄せていただき、厚くお礼申し上げます。また、創文企画の鴨門裕明様には、最後まで粘り強く支えていただき、本当にありがとうございました。熱く感謝申し上げます。

2021年3月

編集責任　岨　和正　楠橋佐利

執筆者プロフィール ※2021年2月現在

岨　和正　――はじめに・第1章・おわりに

兵庫県・元小学校教諭

［主な著書］『スポーツの主人公を育てる体育・保健の授業づくり』（共著）、創文企画、2018年、「授業改革を目指す学習集団の実践　小学校高学年」柴田義松編（共著）、明治図書、2005年、『教室でする体育～「体育理論」の授業づくり　小学校編』出原泰明編（共著）、創文企画、2000年

森　敏生　――はじめに

武蔵野美術大学造形学部教授

［主な著書］『中村敏雄著作集4　部活・クラブ論』（共著）、創文企画、2009年、『スポーツ・健康と現代社会』（共著）、武蔵野美術大学出版局、2015年

楠橋佐利　――第1章

大阪府豊能町立吉川小学校教諭

［主な著書］『たのしい体育1　陸上運動　走る』（共著）、ベースボールマガジン社、1988年

續木智彦　――第2章『体つくり運動（なわとび）』

西南学院大学准教授

［主な著書］『スポーツの主人公を育てる体育・保健の授業づくり』（共著）、創文企画、2018年

久保　健　――第2章『陸上運動（あてっこペース走・4歩リズム走）』

日本体育大学女子短期大学部教授

［主な著書］『体育科教育法講義・資料集』創文企画、2010年、『からだ育てと運動文化』大修館書店、2010年、『からだを生きる』（共著）創文企画、2001年

牧野　満　――第2章『陸上運動（ハードル）』

奈良県香芝市立下田小学校教諭

［主な著書］『新学校体育叢書　水泳の授業』学校体育研究同志会編、創文企画、2012年

佐々木盛文　――第2章『水泳（近代泳法への道）』

大阪府河内長野市立千代田小学校教諭

［主な著書］『新学校体育叢書　水泳の授業』学校体育研究同志会編、創文企画、2012年

岨　賢二　――第2章『器械運動（グループマット）』

兵庫県南あわじ市立神代小学校教諭

藤江直樹　――第2章『器械運動（ヘッドスプリングへの道）』

兵庫県洲本市鳥飼小学校教諭

大後戸一樹　――第2章『ボール運動（フラッグフットボール）』

広島大学大学院教育学研究科・准教授

舩富公二　――第2章『ボール運動　（インサイドキック・サッカー）』

大阪府・元小学校教諭

太田　翔　――第2章『ボール運動（バスケットボール）』

東京都杉並区立馬橋小学校教諭

近藤ひづる　――第2章『ボール運動（ホールディングバレーボール）』

愛知県・日本福祉大学講師

井上良江　──第２章『表現運動（ダンス）』
東京都・元小学校教諭

沼倉　学　──第２章『表現運動（ダンス）』
国立学校法人宮城教育大学講師

窪田浩尚　──第２章『健康教育（スマホと健康）』
東大阪市立枚岡東小学校教諭

武藤紳一郎　──第２章『健康教育（水俣病から学ぶ）』
大阪府・元小学校教諭

狭間俊吾　──第２章『体育理論（オリンピック・パラリンピック）』
大阪府堺市立福泉上小学校教諭

［イラスト］山田絵未、吉田慶介